아작아작 씹어먹는 책 ❸

영독해의 급소 200

■ 저자 **Kaieda Susumu·Nakamura Toshio**　주해·감수 이해영

머리말

이 책은 「영작문급소150 아작아작 씹어먹는 책」「영독해급소150 아작아작 씹어먹는 책」「영문법급소150 아작아작 씹어먹는 책」 시리즈의 둘째 권으로, 영문해석에 필요한 기본적인 문형 200가지를 설명하여 수록한 것이다.

이 책의 특색은 다음과 같다.

1. 이해하기 쉽다.

본래 영어는 그다지 어려운 것이 아니다. 그런데도 많은 책들이 쉬워야 할 영어를 어렵고 어려운 것으로 만들어 놓고 있다. 이론적인 설명이 너무 많다. 그래서 이 책에서는 그러한 이론적인 설명을 피하고, 영어를 될 수 있는 한 쉽게 설명하도록 노력하였다.

2. 표현이 간결하다.

표현은 되도록 명료하게 하였다. 복잡한 사항을 설명하는 경우에는 항목을 몇 개로 나누어 설명함으로써 독자가 체계적으로 이해하는 데 편리하도록 하였다. 난해한 용어는 피하였다.

3. 난이도순으로 설명했다.

쉬운 문형을 먼저 설명하고 점차 난이도를 높여 나아갔다. 편의상 기본 문형은 알파벳순으로 배열하였지만, 설명은 난이도순으로 하였다.

차 례

머리말 3

제 1 장 중요 어구를 포함한 문장

1 an angel of a woman : 천사 같은 여자 16
2 all but ... : 거의 ... 17
3 all ~ not ... : 모두가 다 ...은 아니다 18
4 all the better for ... : ...이므로 더욱더 20
5 and that : 더욱이 21
   Test Yourself! 22
   Answer 23

6 anything but ... : 결코 ...이 아닌 24
7 young as he is : 그는 젊은데도 25
8 as it (as though) ... : 마치 ...인 것처럼 27
9 as it is : 현재 상태로 29
10 as it were : 말하자면 30
   Test Yourself! 31
   Answer 31

11 as long as ... : ...하는 동안은 32
12 as many (much) ... : (그것과) 같은 수의 ... 33
13 as ... so : 마치 ...처럼 35
14 as soon as ... : ...하자마자 36
15 ... as well as ~ : ~은 물론 ...도 38
   Test Yourself! 39
   Answer 40

16 at (the) most : 많아야 41
17 be obliged to ... : 어쩔 수 없이 ...하다 42
18 be sure to ... : 반드시 ...하다 43
19 both ... and ~ (at once ... and ~) : ...도 ~도 44
20 by no means ... : 결코 ...가 아니다 45

Test Yourself! 46
Answer 46

21 cannot ... too : 아무리 …하여도 지나치지 않다　47
22 cannot help ~ing : ~하지 않을 수 없다　48
23 either ... or ~ : …거나 또는 ~거나　49
24 enough to ... : …하기에 충분한　50
25 even if ... : 비록 …이더라도　51

Test Yourself! 52
Answer 53

26 far from ... : 결코 …가 아니다　54
27 for all (with all) ... : …에도 불구하고　55
28 had better ... : …하는 편이 좋다　56
29 had not ... before ~ : …하기 전에 ~　57
30 had hardly ... when ~ : …하자마자　58

Test Yourself! 59
Answer 59

31 have you do : 너에게 시키다　60
32 have nothing to do with ... : …와 관계가 없다　61
33 have to ... : …하지 않으면 안 되다　62
34 hit him in the eye : 그의 눈에 맞다　64
35 if ... : ①만약 … ②비록 …일지라도 ③…인지 어떤지　65

Test Yourself! 67
Answer 67

36 in order to ... : …하기 위해서　68
37 indeed ... but ~ (It is true ... but ~) : 정말(과연) … 그러나 ~　69
38 It is ... to ~ : ~하는 것은 …이다　70
39 It is ... that ~ : ~하는 것은 …이다　72
40 It is no use ~ing : ~해 봐야 소용없다　73

Test Yourself! 74
Answer 74

41 It is ... that ~ : ~은 …이다(강조구문) 75
42 It is not till ... that ~ : …이 되어 비로소 ~ 77
43 It is with ... as with ~ : …은 ~과 같은 것이다 78
44 It will be ... before ~ : ~하기까지는 …걸릴 것이다 79
45 lest (for fear) ... : …하지 않도록 80

Test Yourself! 81
Answer 81

46 make it a rule to ... : 언제나 …하기로 하고 있다 82
47 may well ... : …은 당연하다 83
48 much more (still more) ... : 하물며 …은 더욱 그렇다 84
49 much less (still less) ... : 더욱 …은 아니다 85
50 neither ... nor ~ : …도 ~도 아니다 86

Test Yourself! 87
Answer 88

51 never ... without ~ : …하면 반드시 ~ 89
52 no less than ... : …만큼이나 91
53 no less ... than ~ : ~에 못지않게 … 92
54 no more than ... : 겨우 93
55 no more ... than ~ : ~이 아닌 것과 마찬가지로 …이 아니다 94

Test Yourself! 96
Answer 97

56 no matter what : 무엇이 …하더라도 98
57 not always ... : 반드시 …은 아니다 99
58 not ... at all : 조금도 …하지 않다 100
59 not ... because ~ : ~이기 때문에 …은 아니다 101
60 not because ... but because ~ : …때문이 아니라 ~때문에 102

Test Yourself! 104
Answer 104

61 not ... but ~ : …이 아니라 ~이다 105
62 not less ... than ~ : ~에 못지 않게 … 106

63 not only ... but (also) ~ : …뿐만 아니라 (또한) ~도 *107*
64 not so much ... as ~ : …라기보다는 오히려 ~ *108*
65 not that ... but that ~ : …하다는 게 아니라 ~하다는 것이다 *109*
   Test Yourself! *110*
   Answer *111*

66 not ... the less for ~ : ~에도 불구하고 (역시) … *112*
67 not ... until ~ : ~해서야 비로소 … *113*
68 nothing but ... : …에 불과한 *114*
69 nothing is so ... as ~ : ~만큼 …한 것은 없다 *115*
70 now that ... : 이제 …하므로 *116*
   Test Yourself! *117*
   Answer *118*

71 of importance : 중요한 *119*
72 of one's own ~ing : 스스로 ~한 *120*
73 on account of ... : …때문에 *121*
74 on ~ing : ~하자마자 *122*
75 one more effort, and ... : 조금만 더 노력하면 … *123*
   Test Yourself! *124*
   Answer *124*

76 one ... the other ~ : 한쪽은 … 다른 쪽은 ~ *125*
77 ... one thing ~ another : …과 ~은 별개다 *127*
78 one who (those who) ... : …하는 사람 *128*
79 only too ... : 기꺼이 … *129*
80 rob ... of ~ : …의 ~을 빼앗다 *130*
   Test Yourself! *131*
   Answer *131*

81 seem to have been ... : …이었던 것 같다 *132*
82 so as to ... : …하기 위해서 *134*
83 so far as ... : …하는 한(에서는) *135*
84 some ... others ~ : …도 있으며 ~도 있다 *136*

85 so (such) ... that ~ : 몹시 …해서 ~하다   *137*
   Test Yourself! *139*
   Answer *140*

86 speaking of ... : …에 대해서 말하자면   *141*
87 that ~ may ... : …하기 위해서   *142*
88 the wisest man that ever lived :
   지금까지 유례없는 가장 현명한 사람   *143*
89 the former ... the latter ~ : 전자는 … 후자는 ~   *144*
90 the last man to ... : 가장 …할 것 같지 않은 사람   *145*
   Test Yourself! *146*
   Answer *147*

91 the moment ... : …하자마자   *148*
92 the more because ... : …이므로 더욱더   *149*
93 the more ..., the more ~ : …하면 할수록 더욱더 ~   *150*
94 the rich : 부자들   *151*
95 the wisest man : 아무리 현명한 사람일지라도   *152*
   Test Yourself! *153*
   Answer *154*

96 There is no ~ing : ~할 수가 없다   *155*
97 There is no ~ but ... : … 없는 ~은 없다   *156*
98 There is nothing for it but to ... :
   …하는 수밖에 다른 도리가 없다   *157*
99 They say ... : …라고들 한다   *158*
100 This is the reason why ... : 이러한 이유로 …   *159*
   Test Yourself! *160*
   Answer *161*

101 ..., till at last ~ : … 마침내 ~   *162*
102 to one's surprise : 놀랍게도   *163*
103 to say nothing of ... : …은 말할 것도 없고   *164*
104 to tell the truth : 사실을 말하자면   *165*
105 too ... to ~ : 너무 …해서 ~할 수 없다   *166*

Test Yourself! 167
Answer 168

106 twice as large as ... : …보다 2배 크기의   169
107 A is to B what C is to D. :
    A와 B의 관계는 C와 D의 관계와 같다   170
108 What do you say to ~ing? : ~이 어떨까요?   171
109 What if ...? : 만일 …라면 어떻게 될까?   172
110 what I am : 현재의 나   173

Test Yourself! 174
Answer 174

111 what money : (갖고 있는) 모든 돈   175
112 what is better : 더욱 좋은 것은   176
113 what with ... and what with ~ : …(하)랴 ~(하)랴   177
114 what you call : 이른바   178
115 whatever ... may : 어떤 …라도   179

Test Yourself! 181
Answer 182

116 was ~ing when ... : ~하고 있었을 때 …   183
117 whether ... or not : …인지 아닌지   184
118 would often ... : 자주 …하곤 했다   185
119 would rather ... than ~ : ~보다는 오히려 …가 낫다   186
120 worth ~ing : ~할 가치가 있는   187

Test Yourself! 188
Answer 189

제2장   중요 문법사항을 포함한 문장

121 It ... to ~ : ~하는 것은 …   192
122 it ... that ~ : ~하는 것은 …   194

Test Yourself! 196
Answer 197

123 a man who ... : …하는 사람 *198*

124 a thing which (*or* that) ... : …하는 것 *200*

125 the house in which he lives : 그가 살고 있는 집 *202*

126 , which ... (, who ...) : 그리고 그것은 … (그리고 그 사람은 …) *203*

127 the house Jack built : 잭이 세운 집 *205*

128 what he said : 그가 말한 것 *207*

129 such ... as ~ : ~와 같은 … *208*

Test Yourself! *210*
Answer *212*

130 the place where ... : …하는 (바의) 장소 *213*

131 , where ... : 그리고 거기에서 … *215*

Test Yourself! *216*
Answer *217*

132 have done : 해 버렸다 *218*

133 had done : 해 버렸었다 *220*

134 shall have done : 해 버렸을 것이다 *222*

Test Yourself! *223*
Answer *224*

135 I shall ... : 나는 …할 것이다 *225*

136 I will ... : 나는 …할 작정이다 *227*

137 should ... : …해야 한다 *229*

138 would ... : 곧잘 …하곤 하였다 *231*

139 cannot be ... : …일 리가 없다 *233*

140 may be ... : …일지도 모른다 *235*

141 must be ... : …임에 틀림없다 *237*

Test Yourself! *238*
Answer *239*

142 If it be true ... : 만일 그것이 사실이라면 … *240*

143 If it should rain ... : 만일 비가 온다면 … *241*

144 If I were ... : 만일 내가 …라면 *243*

145 If I had been ... : 만일 내가 …이었다면 *245*
146 Unless ... : 만일 …하지 않으면 *247*
147 But for ... : …이 없으면 *249*
148 To see the girl, ... : 그 소녀를 만나면 … *250*
149 Work hard, and ... : 열심히 공부해라, 그러면 … *252*
　　Test Yourself! *254*
　　Answer *256*

150 Speaking English ... : 영어를 말하는 것은 … *257*
151 His being a foreigner ... : 그가 외국인이라는 것 … *259*
　　Test Yourself! *261*
　　Answer *262*

152 trembling hands : 떨리는 손 *263*
153 Hearing a noise, ... : 소음을 듣고서 … *265*
154 Being written in French, ... : 프랑스어로 쓰여 있으므로 … *267*
155 School being over, ... : 수업이 끝났으므로 … *269*
　　Test Yourself! *271*
　　Answer *272*

156 To speak English ... : 영어를 말하는 것은 … *273*
157 to study painting : 그림을 공부하기 위해서 *275*
158 be to ... : …하기로 되어 있다 *277*
159 seem to have been ... : …이었던 것 같다 *279*
160 To confess the truth, ... : 사실은 … *281*
　　Test Yourself! *283*
　　Answer *285*

제3장 혼동하기 쉬운 표현

161 almost ... : 거의 …
　　 hardly ... : 거의 …없다(아니다) *288*
162 among ... : …의 가운데(서)
　　 between ... : …의 사이에(서) *290*

163 as for ... : …은 어떤가 하면
as to ... : …에 관해서는   *292*

164 문장 머리의 as it is : 실제로는
문장 끝의 as it is : 있는 그대로
삽입구로 쓰인 as it were : 소위   *293*

165 as well : 게다가
... as well as ~ : ~은 물론 …도   *295*

Test Yourself! *297*
Answer *298*

166 I don't care for ... : 나는 …을 원치 않는다
If you care for ... : …를 돌볼 생각이라면   *299*

167 at least ... : 적어도 …
not in the least ... : 조금도 …않다   *301*

168 at once : 곧, 동시에
at once ... and ~ : …하기도 하고 ~하기도 하다   *303*

169 be about to ... / be going to ... / be on the point of ... :
막 …하려고 하다   *305*

170 because ... : 왜냐하면 …
because of ... : …때문에   *307*

Test Yourself! *309*
Answer *310*

171 beside ... : …의 옆에
besides : …외에(도)   *311*

172 but ... : 그러나 …
though ... : …이지만   *313*

173 by ... : …까지는
till ... : …까지   *315*

174 during ... : …동안
while ...: …하고 있는 사이에   *317*

175 ever : 언젠가(이전에), 일찍이
once : 이전에, 한 번   *319*

Test Yourself! *321*
Answer *322*

176 a few : 조금(의)
few : 거의 없는   *323*

177 a little : 조금(의)
little : 거의 없는 *325*

178 first : 우선, 첫째로
at first : 처음에는
for the first time : 처음으로 *327*

179 God saves the queen. : 신은 여왕을 도우신다.
God save the queen! : 신이 여왕을 도우시기를! *329*

180 have a house built : 집을 짓게 하다
have him built a house : 그에게 집을 짓게 하다 *331*

Test Yourself! *333*
Answer *334*

181 have been to ... : ···에 간 적이 있다
have gone to ... : ···에 가 버렸다 *335*

182 have just read ... : 이제 막 ···을 다 읽은 참이다
have once read ... : 언젠가 ···을 읽은 적이 있다 *337*

183 have my photo taken : 내 사진을 찍게 하다
have my arm broken : 내 팔이 부러지다 *339*

184 If he is ... : 만일 그가 ···이면
If he were ... : 만일 그가 ···이라면 *340*

185 If it were not for ... : 만일 ···이 없다면
If it had not been for ... : 만일 ···이 없었더라면 *342*

Test Yourself! *344*
Answer *345*

186 It was he that ... : ···한 사람은 그였다
It is true that he ... : 그가 ···한 것은 사실이다 *346*

187 It is needless to say ... : ···은 말할 필요도 없다
It is not too much to say ... : ···라고 해도 과언은 아니다 *348*

188 late : 늦게
lately : 최근에 *350*

189 later > latest : 더욱 늦은(게) > 가장 늦은(게)
latter > last : 뒤쪽의 > 최후의 *352*

190 may well ... : ···은 당연하다
may as well ... : ···하는 편이 좋다
might as well ... as ~ : ~하느니 차라리 ···하는 편이 낫다 *354*

Test Yourself! *356*
Answer *357*

191 most : 대부분의
a most : 대단히
the most : 가장   *358*

192 much more : 하물며
much less : 하물며 (…아니다)   *361*

193 not so much as … : …조차 않다
not so much … as ~ : …라기 보다는 오히려 ~
not … so much as ~ : …라기 보다는 오히려 ~   *363*

194 by oneself : 혼자서
for oneself : 혼자 힘으로   *365*

195 He killed himself. : 그는 자살했다.
I wrote the letter myself. : 나는 스스로 그 편지를 썼다.   *367*

Test Yourself!   *368*

Answer   *369*

196 the same … as ~ : ~와 같은 …
the same … that ~ : ~와 동일한 …   *370*

197 should … : …해야 한다
should have + 과거분사 … : …해야 했었다   *371*

198 So am I. : 나도 그렇다.
So I am. : (바로) 그렇다.   *373*

199 stop ~ing : ~는 것을 그만두다
stop to ~ : ~하기 위해 멈추다   *375*

200 used to … : …하는 것이 습관이었다
be used to … : …에 익숙해 있다   *377*

Test Yourself!   *379*

Answer   *381*

제1장

중요어구를 포함한 문장

BASIC ENGLISH FORMULAS

중요 어구를 포함한 문장 1

1 an angel of a woman
천사 같은 여자

> She is **an angel of a woman.**

해석 그녀는 **천사 같은 여자**이다.

어구 angel [éindʒəl] : 천사

설명
명사+of a+명사는 「…과 같은 ~」이라는 의미를 나타낸다.

    an angel of a woman
= an   angelic   woman
    천사 같은 여자

of 다음에는 반드시 a가 오는 점에 주의해야 한다. 앞에 나온 명사는 형용사처럼 해석한다.

- He was *a brute of a man*.
  그는 **야수와 같은 사나이**였다.
  (a brute of a … = a brutal …)

- *A mountain of a wave* came near.
  산과 같은 파도가 가까이 왔다.
  (a mountain of a … = a mountainous …)

- We were all afraid of *that monster of a dog*.
  우리들은 모두 **그 괴물과 같은 개**를 무서워했다.

 중요 어구를 포함한 문장 2

2 all but ...
거의 …

> This is **all but** impossible.

[해석] 이것은 거의 불가능하다.

[설명]

1. "all but ..."은 「거의 …」라는 의미를 나타낸다 (= almost ; nearly). 이것은 부사 역할을 하는 구이다.

   • He is *all but* dead.
     그는 죽은 거나 **마찬가지**이다.
   • The work is *all but* completed.
     그 일은 **거의** 완성되었다.

2. "all but ..."을 「…을 제외하고 전부」라는 의미로 사용하는 경우도 있다. (= all except)

   • *All but* one were dead.
     한 사람을 **제외하고** 모두 죽었다.
   • *All* the ships *but* two were sunk by enemy submarines.
     2척을 **제외하고는** 모든 배가 적의 잠수함에 의하여 침몰되었다.
   • Caesar was a king in *all but* name.
     시저는 이름 **이외의 모든** 점에서 (즉 실질상) 군주였다.

3. "all but ..."은 경우에 따라서는 「하마터면 …」이라는 의미로도 쓰인다.

   • He was *all but* drowned.
     그는 **하마터면** 익사할 뻔하였다.

중요 어구를 포함한 문장 3

3 all ~ not ...
모두가 다 …은 아니다

All of them were **not** satisfied with the result.

해석 모두가 다 그 결과에 만족한 것은 아니었다.

어구 be satisfied with ... : …에 만족하다

설명

1. "all ~ not ..."은 부분부정으로, 「모두가 다 …은 아니다」라는 의미를 나타낸다.
   다음 문장을 비교해 보자.

   - *All* of them were *not* satisfied.
     모두가 만족한 것은 **아니었다**. (부분부정)
   - *None* of them were satisfied.
     그들 중 **아무도** 만족하지 **않았다**. (완전부정)

   - *All* of them *did not* come.
     모두가 다 온 것은 **아니었다**.

   - *All* men *cannot* be poets.
     모든 사람이 **다** 시인이 될 수는 **없다**.

2. 부분부정에는 "not ... all(all ~ not ...을 거꾸로 한 형)" "every ~ not ..." "not ... every ~" "both ~ not ..." 등의 형식도 있다.

   - *Not all* of them were satisfied.
     모두가 만족한 것은 **아니었다**.
   - *Every* body *does not* become rich.
     모두가 유복하게 될 수는 **없다**.

- I *don't* want *both* of them.
  나는 **양쪽 다** 원하는 것은 **아니다**. (한 쪽이라도 좋다)

〈비교〉 I want *neither* of them.
　　　　나는 양쪽 다 원하지 않는다. (둘다 싫다)

더욱이 부분부정에는 not always ...(언제나 …한 것은 아니다), not necessarily ...(반드시 …은 아니다), not entirely ...(완전히 …라고는 할 수 없다), not wholly ...(전적으로 …라고는 할 수 없다) 등과 같은 <u>not</u>+부사의 형식도 있다. not always ...참조. (문형 57 참조)

중요 어구를 포함한 문장 4

4 all the better for ...
...이므로 더욱더

> I like him **all the better for** his faults.

해석 나는 그가 결함이 있으므로 더욱더 좋아한다.

어구 faults[fɔ:lts] : 결함, 단점

설명

1. "all the better for ..."는 「…때문에 더욱더」「…이기 때문에 한층 더」「…이기 때문에 오히려」 등의 의미를 나타낸다.

    • We liked the boy *all the better for* his naughtiness.
    우리들은 그 소년이 장난꾸러기**이기 때문에 오히려** 귀여워했다.

    이 경우 all the ...는 「그것뿐」이라는 의미이다 (= so much the ...). all, the와 같이 부사이다. better(보다 더)는 well의 비교급이고, 역시 부사이다. all은 생략해도 좋다.

2. 다음 형식을 참조할 것.

    • I like him (*all*) *the better because* he has some faults.
    나는 그에게 몇 가지 결점이 있**기 때문에 더욱** 그를 좋아한다.

    • We respected him (*all*) *the more because* of it.
    우리들은 그 **때문에 더욱더** 그를 존경하였다.

    • That will make the situation *all the worse*.
    그래서 사태가 **점점 악화**될 것이다.

    • *So much the better.*
    그렇다면 더욱더 좋다.

    추가로 "the more because ..."(문형 92), "the more ..., the better ~"(문형 93)를 참조할 것.

 중요 어구를 포함한 문장 5

5 and that
더욱이

> You must help him, **and that** immediately.

해석 │ 너는 그를 도와 주어야 하며, 더욱이 즉시 그래야 한다.

설명 │
"and that"은 앞 문장 전부 또는 일부를 반복하는 대신에 사용되며, 「더욱이」「그것도」「게다가」라는 의미를 나타낸다. 일반적으로 문장의 뜻을 강조한다.

- He comes late, *and that* very often.
  그는 늦게 오는데, **그것도** 아주 자주 있는 일이다.
- All men seek for happiness, *and that* without any exception.
  모든 사람은 행복을 추구한다. **그리고 거기에는** 예외가 없다.

Test Yourself!

다음을 우리말로 옮기세요.

1. I wished to keep the matter secret but that fool of a man told it to my father.

2. It is all but ten years since he arrived in this little island one summer evening.

3. The hunter watched the bear's movement. All but him had fled the moment they saw the bear.
   > hint: fled : flee(도망하다)의 과거분사

4. All of the inhabitants did not speak English.
   > hint: inhabitants : 주민

5. It is not every man that can succeed in life.

6. Both of them have not visited Italy. One has stayed in Rome about two years, but the other has never left England.

7. We like him the better because he sometimes makes ridiculous mistakes. One does not like a man who never makes any mistakes.

8. Owing to the heavy snow, the buses went very slowly, and that at irregular intervals.

Answer

1. 나는 그 문제를 비밀로 간직하고 싶었는데, 그 바보 같은 남자가 우리 아버지께 그것을 이야기해 버렸다.

2. 그가 어느 여름날 저녁 이 자그마한 섬에 도착한 이래, 거의 10년이 지났다.

3. 그 사냥꾼은 곰의 동태를 지켜보았다. 그 이외의 사람들은 그 곰을 보는 순간 도망쳐 버렸다.

4. 주민들이 모두 영어를 말하는 것은 아니었다.

5. 모두가 인생에서 성공할 수 있는 것은 아니다.

6. 두 사람 다 이탈리아를 방문한 것은 아니었다. 한 사람은 로마에 2년간 있은 적이 있으나, 다른 한 사람은 영국을 떠난 적이 없다.

7. 우리는 그가 때때로 엉뚱한 실수를 하기 때문에 그를 더욱더 좋아한다. 우리는 어떤 실수도 하지 않는 사람을 좋아하지 않는다.

8. 버스들은 아주 천천히 다녔다. 게다가 운행 시간(배차 간격)도 불규칙했다.

중요 어구를 포함한 문장 6

6 anything but ...
결코 …이 아닌

He is **anything but** a poet.

해 석 그는 **결코** 시인**이 아니다.**

설 명

1. "anything but ..."은 강한 부정을 나타내는 어구이다. (= by no means, not at all, in no sense, far from)
   원래는 「…이외의 모든 것」「…라고는 결코 말할 수 없는」이라는 뜻이다. (but = except)

   - It was *anything but* amusement.
     그것은 **결코** 오락이 **아니었다.**
   - He was *anything but* happy.
     그는 **조금도** 행복하지 **않았다.**

   뒤에 나오는 "nothing but" (= only)과 혼동하면 안된다. (문형 68)

   ⟨비교⟩ He is *anything but* a poet.
           그는 **결코** 시인**이 아니다.**

           He is *nothing but* a poet.
           그는 시인에 **불과하다.**

2. "anything but ..."이 「…이외에는 무엇이든」이라는 의미가 될 때도 있다.

   - I will do *anything but* that.
     나는 그것 **이외에는 무엇이든** 하겠다.

   결국 위의 문장도 「그것만은 하지 않겠다」라는 의미를 갖는다.

중요 어구를 포함한 문장 7

7 young as he is
그는 젊은데도

Young as he is, he knows much of the world.

해석 그는 젊은데도 세상 일을 많이 알고 있다.

설명

1. "as"는 「…이지만」이라는 의미로 사용된다 (=though). 이 경우 어순은 <u>형용사, 과거분사, 부사, 또는 무관사의 명사＋as＋주어＋동사</u>이다.

   - *Tall as he was*, he couldn't reach the apples.
     그는 키가 컸었지만, 그 사과에는 손이 닿지 않았다.
   - *Bad as this horse is*, it's the only one I have.
     이 말은 나쁘지만(쓸모가 없는 것이지만), 내가 가지고 있는 유일한 것이다.
     (one 다음에 that을 보충하여도 좋다)
   - *Hero as he was*, he trembled at the sight.
     그는 용사였지만, 그 광경을 보고 와들와들 떨었다.
     (hero에 a를 붙이지 않는다)
   - I was glad of his help, *slight as it was*.
     비록 대수로운 것은 아니었지만, 그가 도와줘서 기뻤다.

2. "as" 대신에 "though"를 사용할 수도 있다.

   Young *as* he is, he knows much of the world.
   =Young *though* he is, he knows …
   =*Though* he is young, he knows …

3. 또한 "as"가 「…이기 때문에」라는 의미를 나타내기도 한다.

⟨비교⟩
Brave man as he was, he hesitated to do it.
그는 용감한 사람이었지만, 그 일을 하는 것을 망설였다.

Brave man as he was, he did not hesitate to do it.
그는 용감한 사람이었으므로, 그 일을 하는 것을 망설이지 않았다.
(= *As* he was a brave man, he did not …)

4. <u>동사 + as + 주어 + may</u>는 「아무리 …해도」의 의미이다.

• *Try as you may*, you cannot do the work in such a short time.
아무리 노력해도, 그렇게 짧은 시간에 그 일을 할 수는 없다.

 중요 어구를 포함한 문장 8

8 as if (as though) ...
마치 …인 것처럼

He talks as if he knew all about it.

해석 그는 마치 그것에 관해서 다 알고 있는 것처럼 말한다.

설명

1. "as if ...(*or* as though ...)"는 「마치 …처럼」「마치 …인 것처럼」의 의미를 나타내는 일종의 접속사이다.
   일반적으로 as if ...(as though ...) 다음에는 가정법 과거 또는 가정법 과거완료의 동사가 온다. 위의 문장에서는 knew라는 가정법 과거의 동사가 사용되고 있다. 즉 「모르면서도 알고 있는 것처럼 말한다」라는 의미이다. (= He talks *as* [he would talk] *if* he knew ...)

   • The child talks *as if* he were a man.
   그 아이는 **마치** 어른**인 것처럼** 말한다.
   (were 대신 was를 사용할 수도 있다)

   • He spoke *as though* he were (*or* was) thoroughly frightened.
   그는 참으로 질겁한 **것처럼** 이야기했다.

   • He looks *as if* he had been ill for a long time.
   그는 지금까지 오랫동안 병들었던 **것처럼** 보인다.

2. "as if ...(*or* as though ...)" 다음에 오는 주어+be동사가 생략될 수도 있다.

   • Some flowers shut their petals at night *as if going to* sleep.
   어떤 꽃들은 밤에 자**려는 것처럼** 꽃잎을 오므린다.
   (as if going to sleep = as if *they were* going to sleep)

- The invalid looked up to me *as though to thank me*.
  그 환자는 **감사의 뜻을 나타내려는 것처럼** 나를 바라보았다.
  (as though to thank me = as though *he were* to thank me)

3. "as if (*or* as though)" 다음에 전치사구가 오는 경우도 있다.

- The clouds have disappeared *as if by magic*.
  구름은 **마치 마법을 사용한 것처럼** 사라져 버렸다.
  (as if by magic = as if *they had done so* by magic)

중요 어구를 포함한 문장 9

9 as it is
현재 상태로

Leave it *as it is*.

해석 현재 상태로 놓아 두세요.

설명

1. 일반적으로 문장 끝에 오는 "as it is"는 「현재 상태로」, 「있는 그대로」, 「그대로」라는 의미를 나타낸다. 복수형은 "as they are", 과거형은 "as it was"이다.

- Take things *as they are*.
  사물을 **있는 그대로** 받아들이세요.

- England *as she is*, is very different from England *as she was* ten years ago.
  지금의 영국은 10년 전**의 상태**와는 아주 다르다.
  (she는 England를 여성으로 취급한 대명사)

2. 일반적으로 문장 처음의 "as it is"는 앞 문장의 가정을 받아서 「그러나 실제로는」, 「그런데 사실은」 등의 의미를 나타낸다. 과거형은 "as it was"이다.

- If I were rich, I would do so. *As it is*, I can do nothing.
  내가 부자라면 그렇게 할 것이다. **그러나 실제로는** 아무것도 할 수 없다.

- If he had helped us, we might have succeeded. *As it was*, we failed.
  그가 우리들을 도와 주었더라면, 우리들은 성공했을지도 모른다. **그러나 실제로는** 그가 우리들을 도와 주지 않았으므로 우리들은 실패하였다.

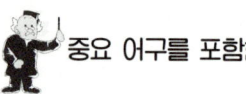

중요 어구를 포함한 문장 10

10 as it were
말하자면

He is, **as it were**, a grown-up child.

해석 그는 말하자면, 다 자란 어린이다.

설명

1. "as it were"는 「말하자면」「이를테면」이라는 의미로서 과장이나 비유를 부드럽게 하기 위하여 사용하는 말이다.

    • He said the intellectual class was, *as it were*, the brains of a nation.
    지식계급은 **말하자면**, 국민의 두뇌라고 그는 말했다.

2. "as it were"와 같은 의미의 구(phrase)로 "so to speak"가 있다. 용법은 "as it were"와 마찬가지이다.

    • He is, *so to speak*, a walking dictionary.
    그는 **이를테면**, 걸어다니는 사전이다(만물 박사이다).

Test Yourself!

다음을 우리말로 옮기세요.

1. He was anything but satisfied.
2. Poor as he was, he was above doing such a thing.
3. Much as the babies looked alike, there were some differences between them.
4. The unfortunate slant of the photograph makes me look as if I was trying to push him over.
   hint slant : 경사, 기울기
5. I like the old house better as it is.
6. I wish he were wiser. As it is, he may tell the secret to all his friends.
7. A castle or its ruins are, so to speak, the symbol of any town that has existed since the mediaeval times.
   hint mediaeval : 중세의

Answer

1. 그는 결코 만족하지 않았다.
2. 가난하긴 했지만, 그는 결코 그러한 일은 하지 않았다.
3. 갓난아기들은 아주 닮았지만, 사실은 다소 차이가 있었다.
4. 공교롭게도 사진이 기울어져 있기 때문에, 마치 내가 그를 밀어 넘어뜨리려 하는 것처럼 보인다.
5. 그 낡은 집은 현재 그대로가 더욱 좋다.
6. 그가 좀더 현명했으면 좋으련만. 그렇지 않으니 그 비밀을 그의 모든 친구들에게 말할지 모른다.
7. 성이나 성터는 말하자면, 중세이래 존속해 온 모든 마을의 상징이다.

중요 어구를 포함한 문장 11

11 as long as ...
…하는 동안은

> I shall never forget it **as long as** I live.

해석 내가 살아 있는 동안은 그것을 잊을 수 없을 것이다.

설명

1. "as long as ..."는 일종의 접속사로 「…와 같은 정도로 오래」 즉 「…하는 동안은」 「…하는 한」이라는 의미를 나타낸다. (= while)

    • Stay here *as long as* you like.
    자네가 마음에 드는 한 이곳에 머물게.

2. "so long as ..."도 접속사로 「만일 …이면, …이기만 하다면」이라는 의미를 나타낸다. (= if)

    • I will read any book *so long as* it is instructive.
    유익하기만 하다면, 나는 어떤 책이라도 읽을 것이다.

    • I am satisfied *so long as* he apologizes.
    만일 그가 사과한다면, 나는 만족한다.

"as long as ...", "so long as ..."는 실제로는 혼용된다.
as long as ...
so long as ... ⎤ = (1) while, (2) if

   • *As long as* he apologizes, I am satisfied.
   만일 그가 사과한다면, 나는 만족한다.

중요 어구를 포함한 문장 12

12 as many (much) ...
(그것과) 같은 수의 …

> I waited about five minutes, but they seemed **as many** hours to me.

해석 나는 5분 정도 기다렸지만, 그 5분이 나에게는 5시간 같이 생각되었다.

설명

1. "as many ..."는 「그것과 같은 수의 …」라는 의미를 나타낸다 (= the same number). 위의 문장에서는 as many = five.

   • He made six mistakes in *as many* lines.
   그는 6행에 6개의 실수를 하였다. (as many = six)

2. "as many as ..."라는 형식도 있다. 역시 「…만큼」이라는 의미를 나타낸다.

   • There are *as many* minds *as* there are men.
   인간이 존재하는 **수만큼** 정신이 존재한다. (10인 10색)

   • Take *as many* (books) *as* you want.
   갖고싶은 **만큼** (책을) 가져가세요.

   • You may do it *as many* times *as* you like.
   몇 번이고 좋을 **만큼** 해도 좋다.

3. like나 as가 앞에 있는 경우에는 as를 so로 바꾼다. 다시 말해 "like so many ..."라는 형식이 된다. 이 구문은 일반적으로 「같은 수의 … 처럼」으로 번역하지 않고, 단순히 「…처럼」으로 번역한다.

- The lights shone *like so many* stars.
  불빛은 별**처럼** 빛났다.

4. many가 수를 나타내는 데 대하여 much는 양을 나타낸다. 따라서 "as much ..."는 「같은 양의 …」「그것만큼의 …」이라는 의미이다.

- I gave him *as much* money *as* he wanted.
  나는 그가 원하는 **만큼의** 돈을 주었다.
- He hastened *as much as* he could.
  그는 될 수 있는 **한** 서둘렀다.
- I thought *as much*.
  나는 **그럴 거라고** 생각했다. (as much = so)

중요 어구를 포함한 문장 13

13 as ... so
마치 …처럼

As you treat me, **so** will I treat you.

해석 마치 당신이 나를 대하는 **것처럼**, 나도 당신을 대할 것이다.

요점 will I는 앞에 so가 있으므로 순서가 바뀌었다.

설명

"as ... so"는 문어체로서 「마치 …처럼」「…와 마찬가지로」라는 의미를 나타낸다.

- *As* rust eats iron, *so* care eats the heart.
  녹이 철을 부식시키는 **것처럼**, 근심이 마음을 해친다.
- *As* you sow, *so* shall you reap.
  당신이 씨를 뿌리는 **만큼** 거둘 것이다.

35

중요 어구를 포함한 문장 14

14 as soon as ...
...하자마자

As soon as he finished breakfast, he went out.

[해석] 그는 아침 식사를 끝마치**자마자** 곧 외출하였다.

[설명]

1. "as soon as ..."는 「...하자 곧」「...하자마자」라는 의미를 나타내는 접속사이다. 다른 접속사와 마찬가지로 as soon as가 이끄는 절은 문장의 처음이나 끝 어느 쪽에나 둘 수 있다.

   As soon as he finished ..., he went out.
   = He went out *as soon as* he finished ...

   • *As soon as* I spoke, I felt I had made a mistake.
   이야기를 하**자마자**, 나는 실수를 했다는 것을 느꼈다.

2. "as soon as ..."와 같은 의미의 접속사로 "no sooner ... than"이 있다. 일반적으로 no sooner는 과거완료형(had ...)과 함께 사용된다.

   • He *had no sooner* left his home *than* it began to rain.
   그가 집을 나가**자마자** 비가 내리기 시작하였다.
   • She *had no sooner* arrived *than* she fell ill.
   그녀는 도착하**자마자** 병이 났다.

   의미를 강조하기 위해서 "No sooner ... than"의 어순으로 하기도 한다.

   • *No sooner had* she arrived *than* she fell ill.
   그녀는 도착하자마자 병이 났다.

3. the moment, the instant, directly 등은 as soon as와 같은 의미의 접속사로서 사용된다.

- *The moment* he saw me, he ran away.
  나를 보는 **순간** 그는 도망쳤다.
- I will come *directly* I have finished.
  나는 일을 끝마치**는 즉시** 돌아올 것이다.

"hardly ... when"을 참조할 것. (문형 30)

중요 어구를 포함한 문장 15

15 ... as well as ~
~은 물론 …도

She speaks French *as well as* English.

해석) 그녀는 영어는 물론 프랑스어도 한다.

설명)

1. "A as well as B"는 「B는 물론 A도」「B뿐 아니라 A도」「B와 동시에 A」라는 의미를 나타낸다 (= not only B but A). 이 형식은 A를 강조하는 형으로, B는 부속적인 역할을 한다. 우리말로 옮길 때, A, B의 순서를 바꿔서는 안 된다.

   • He was delighted *as well as* surprised.
   그는 놀람과 **동시에** 기뻤다.

   • I was an inch or two taller *as well as* a year older than he.
   나는 그보다 한 살 많을 **뿐 아니라** 키도 1, 2인치 컸다.

2. "and ... as well"도 as well as와 같은 의미이다 (그러나 어순은 다르다).

   • She speaks English, *and* French *as well*.
   그녀는 영어를 말하며 프랑스어**도** 말한다.
   (as well = too)

Test Yourself!

다음을 우리말로 옮기세요.

1. No one who is fond of painting finds the slightest inconvenience, as long as the interest holds, in standing to paint for three or four hours at a stretch.
   hint the slightest = even the slightest   hold : 지속하다
   at a stretch : 단숨에, 단번에

2. The wall was about ten feet high, and almost as many feet thick.

3. Probably the sagest bit of advice ever offered man was the ancient admonition to "know thyself." As with individuals, so with nations.
   hint sagest : 가장 현명한   admonition : 훈계, 충고

4. As soon as you live on the wrong income level you are destined to be worrying about money all the time.
   hint are destined to ... : …하도록 운명지어지다

5. The teachers as well as the students were anxious to go on the excursion.

Answer

1. 그림을 그리는 것을 좋아하는 사람은 흥미가 지속되는 한 단번에 세 네 시간 선 채로 그림을 그려도 조금도 불편을 느끼지 않는다.

2. 그 벽은 높이가 약 10피트이며 두께도 거의 같은 정도였다.

3. 일찍이 인간에게 주어진 가장 현명한 충고는 아마도 '네 자신을 알라' 라는 예로부터의 훈계일 것이다. 이것은 개인의 경우는 물론 국가에게도 적용되는 것이다.

4. 수입에 알맞지 않은 생활을 하면 항상 돈 때문에 걱정해야 하는 운명에 처하게 될 것이다.

5. 학생들은 물론 선생님들도 몹시 여행을 가고 싶어했다.

중요 어구를 포함한 문장 16

16 at (the) most
많아야

I think he was eighteen at the most.

해석 그는 **많아야** 18세였다고 생각한다.

설명

"at (the) most"는 「많아야」 「기껏해야」 「고작」이라는 의미이다. (even at the most ; not more than ...)

- I can lend you only a hundred dollars *at the most*.
  나는 **기껏해야** 100달러**밖에** 빌려줄 수 없다.

위 예문과 관련시켜 다음 구를 기억하자.

> at (the) least   적어도
> at (the) best   잘해야, 최고로 잘 봐서

- It will cost *at least* five pounds.
  그것은 **적어도** 5파운드는 들 것이다.

- Life is short *at best*.
  아무리 잘 보아도 인생은 짧다.
  (at best = after all)

위의 구를 at last(드디어), not in the least(조금도 …이 아니다), at one's best(최선의 상태로) 등과 혼동하지 않도록 주의해야 한다.

중요 어구를 포함한 문장 17

17 be obliged to ...
어쩔 수 없이 …하다

He was obliged to punish his son.

[해석] 그는 어쩔 수 없이 그의 아들에게 벌을 주었다.

[설명]

1. "be obliged to ..."는 「어쩔 수 없이 …하다」「…하지 않을 수 없다」「…하지 않으면 안 되다」라는 의미이다 (oblige의 발음은 [əbláidʒ]). "be forced to ..." "be constrained to ..." "be compelled to ..." "be driven to ..." 등도 같은 뜻이다.

   - I *was obliged to* say so.
     나는 그렇게 말하지 않을 수 없었다.
   - He *was forced to* consent. 그는 승낙하기를 **강요당하였다**.
   - She *was compelled to* refuse. 그녀는 **할 수 없이** 거절하였다.

2. 위의 동사는 능동태로도 사용된다.

   - This *obliged* me *to* say yes.
     이 일은 나로 하여금 어쩔 수 없이 승낙하게 하였다(이런 사정으로 나는 할 수 없이 '네'라고 말했다).
   - Nothing can *compel* him *to* do such a thing.
     그 어떤 것도 그가 그런 일을 **하도록 강요할 수** 없다.

3. oblige에는 「은혜를 베풀다」「고맙게 여기도록 하다」 등의 의미도 있다.

   - Please *oblige* me by closing the window.
     제발 창문을 닫아 주세요.
   - I am much *obliged* to you. 대단히 **감사합니다**.

 중요 어구를 포함한 문장 18

18 be sure to ...
반드시 …하다

He is sure to return.

[해석] 그는 **반드시** 돌아올 것이다.

[설명]

"I am sure of ..." "I am sure that ..."의 sure는 「(주관적으로) 확신하다」라는 의미이다. 그런데 "be sure to ..."라고 하는 경우에는 「반드시 …하다」「꼭 …하다」라는 의미가 된다. (= be certain to)

　　He *is sure to* return.
　=*I am sure* (*that*) he will return.
　=He *is certain to* return.
　=He will *certainly* return.

- She *is sure to* come.
  그녀는 **반드시** 온다.

- It *is sure to* rain.
  비가 **꼭** 올 것이다.

- *Be sure to* tell me all the news.
  반드시 뉴스는 모두 나에게 이야기해 주세요.
  (구어체 명령문에서는 "Be sure and (tell me ...)"라고도 한다)

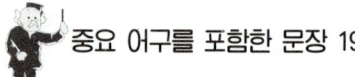

중요 어구를 포함한 문장 19

19 both ... and ~ (at once ... and ~)
…도 ~도

The book is both interesting and instructive.

해석 그 책은 재미있기**도** 하며 유익하기**도** 하다.

설명

1. "both A and B"는 「A도 B도」「A뿐만 아니라 B도」라는 의미를 나타낸다(= not only A but B). both를 생략하여도(즉 and만으로도) 의미가 변하지 않지만, both가 있으면 대조가 더 분명해진다. both는 이 경우 부사이다.

   • She can *both* sing *and* dance.
     그녀는 노래**도** 무용**도** 할 수 있다.

   • He is *both* a gentleman *and* a scholar.
     그는 신사**이자** 학자**이다**.

2. "both ... and ~"와 같은 의미의 이른바 상관접속사로 "at once ... and ~" "alike ... and ~"가 있다.

   • The book is *at once* (or *alike*) interesting *and* instructive.
     그 책은 재미있기**도** 하고 유익하기**도** **하다**.

   at once는 이 경우 「곧」이라는 의미가 아니라 「동시에」(= at the same time)라는 의미이다. at once를 단독으로 사용할 수도 있다. 예를 들면

   • Do not all speak *at once*.
     모두가 **동시에** 이야기하지 마라.

 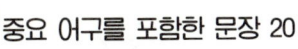

중요 어구를 포함한 문장 20

20 by no means ...
결코 …가 아니다

It is **by no means** easy to master any foreign language in one year.

해석 어떤 외국어라도 1년 만에 숙달한다는 것은 결코 쉬운 일이 아니다.

설명 "by no means ..."는 「결코 …가 아니다」라는 강한 부정을 나타내는 구이다. 앞서 말한 anything but ...(문형 6), not in the least(문형 16), 뒤에서 말할 far from ...(문형 26), not ... at all(문형 58), on no account, in no sense, in no way 등도 강한 부정을 나타내는 구이다. 단, 전후관계에 의하여 용법이 다소 다르다. "by no means ..."의 "means"는 「수단」「방법」의 의미이므로, 이 구는 원래 「어떠한 방법에 의해서도 …가 아니다」라는 의미.

- We could *by no means* persuade him to give up the attempt.
  우리들은 그 계획을 포기하도록 그를 **도저히** 설득할 수 **없었다**.

- She is *by no means* an unkind woman.
  그녀는 **결코** 불친절한 부인이 **아니다**.

Test Yourself!

다음을 우리말로 옮기세요.

1. I do not think he can do anything really useful. He is a boaster at best.
   hint boaster : 허풍쟁이

2. I was obliged to consult my uncle whom I never respected.

3. He never went out unless absolutely compelled.
   hint unless absolutely compelled = unless he was absolutely compelled

4. He is sure to succeed in the examination. He is studying so hard.

5. To read the classical authors and to read the Bible was to read at once the history and the literature of the three greatest races of the ancient world.

6. It is by no means always possible to attach a particular name to scientific developments.

Answer

1. 그가 뭔가 정말로 유익한 일을 할 수 있다고는 생각하지 않는다. 그는 기껏해야 허풍쟁이일 뿐이다.

2. 나는 내가 전혀 존경하지 않았던 아저씨에게 의논하지 않으면 안 되었다.

3. 그는 그야말로 강요받지 않는 한 절대로 외출하지 않았다.

4. 그는 꼭 시험에 합격할 것이다. 그렇게 열심히 공부하니까.

5. 고전작가의 작품을 읽고 성경을 읽는 것은 고대 세계의 3대 민족의 역사와 문학을 동시에 읽는 것을 뜻하였다.

6. 과학의 발전에 어떤 특정인의 이름을 붙이는 것은, 결코 항상 가능한 일은 아니다.

  중요 어구를 포함한 문장 21

21 cannot ... too
아무리 …하여도 지나치지 않다

You cannot be too careful.

▶ 해석 ◀ 아무리 주의하여도 지나치지 않다. (주의하면 할수록 좋다)

▶ 설명 ◀

1. "cannot ... too"는 「너무 …할 수는 없다」「지나치게 …일 수는 없다」라는 의미에서 발전하여 「아무리 …하여도 지나치지 않다」「…하여도 오히려 부족하다」「…하면 할수록 좋다」라는 의미가 되었다.

   • You *cannot* praise him *too* much.
   그를 **아무리** 칭찬**하여도 지나치지 않다**.

   • We *cannot* pay *too* much attention to this fact.
   우리들은 이 사실에 대하여 **아무리** 주의를 기울**여도 오히려 부족하다**.

2. cannot 대신에 can never, can hardly, can scarcely, be impossible to 등이 사용될 수 있고, too 대신에 enough, sufficient(충분한), exaggerate(과장하다), overestimate(과대평가하다), overpraise(과찬하다) 등의 어구가 사용될 수도 있다.
   이러한 어구가 사용되는 경우에도 이것이 "cannot ... too"의 변형이라는 사실을 이해해야 한다.

   • You *can hardly* praise him *too* much.
   그를 **아무리** 칭찬**하여도 좀처럼** 과찬이라고 **할 수 없다**.

   • It *is impossible to overestimate* the importance of education.
   교육의 중요성을 **과대평가한다는** 것은 있을 수 없다.

   • We *cannot exaggerate* the importance of the habit of early rising.
   일찍 일어나는 습관이 중요하다는 것은 **아무리 강조하여도 부족하다**.

중요 어구를 포함한 문장 22

22 cannot help ~ing
~하지 않을 수 없다

> I **cannot help** think**ing** that he is dead.

[해석] 나는 그가 죽었다고 생각하지 않을 수 없다.

[설명]

1. "cannot help ~ing(or cannot but ~)"는 「~하지 않을 수 없다」라는 의미를 나타낸다. (help는 「…을 피하다, 참다」라는 의미. ~ing는 동명사)

    • I could not [help laughing. / but laugh.]
    나는 웃을 수밖에 없었다.

    • We could not [help believing / but believe] what he said.
    우리들은 그가 한 말을 **믿지 않을 수 없었다**.

2. 미국의 구어체에는 "cannot help but (laugh) ~"라는 혼합형이 있다.

    • We could not help but believe it.
    우리들은 그것을 **신용하지 않을 수 없었다**.

중요 어구를 포함한 문장 23

23 either ... or ~
…거나 또는 ~거나

The color is either red or violet.

|해 석| 그 색은 빨간색이거나 또는 보라색이다.

|설 명|

"either A or B"는 「A이거나 또는 B이거나(어느 하나가[쪽인가가])」라는 의미를 나타낸다. either를 생략하여 "A or B"로 하여도 대체로 뜻은 같지만, either가 있으면 A, B의 대조가 분명해진다. 동사는 "either A or B"의 B와 일치한다.

- *Either* you *or* I must do it.
  너나 나나 둘 중 하나는 그것을 해야만 한다.
- *Either* you *or* I am in the wrong.
  너나 나나 어느 쪽인가가 잘못되어 있다.
- *Either* you must get a new watch *or* I must get a new secretary.
  당신이 새 시계를 사든가 내가 새 비서를 구하든가 하지 않으면 안 된다.

"neither A nor B"는 양쪽 다 부정하는 것으로서 「A도 B도 아니다」라는 의미이다. (문형 50)

중요 어구를 포함한 문장 24

24 enough to ...
…하기에 충분한

He was not man enough to confess the truth.

해석 그에게는 사실을 털어놓기에 충분한 용기가 없었다.

어구 man : 남자다운 사람

설명

1. "enough to ..."는 「…하기에 충분한, …하기에 필요한 만큼의」라는 뜻을 나타낸다. enough는 형용사 또는 부사로 사용된다.

   • He hasn't [sense *enough* / *enough* sense] to realize his mistake.
     그에게는 자기의 잘못을 깨달을 **만한** 분별이 없다.

   • She is old *enough to* understand the meaning.
     그녀는 그 의미를 이해**할 만한** 나이이다.

   • I don't know him well *enough to* ask for his help.
     그의 원조를 구**할 만큼** 나는 그를 잘 알지 못한다.

   • I was fortunate *enough to* see the wonderful sight.
     나는 그 훌륭한 광경을 볼 **만큼** 운이 좋았다(나는 다행히 그 훌륭한 광경을 보았다).

2. "sufficient (*or* sufficiently) to ..."도 "enough to ..."와 같은 의미이다.

   • Korea produced *sufficient* rice *to* feed all the population.
     한국은 전 인구가 먹을 만큼 **충분한** 쌀을 생산했다.

   • The rain was not *sufficient to* do any harm.
     비는 피해를 줄 **정도**는 아니었다.

중요 어구를 포함한 문장 25

25. even if ...
비록 …이더라도

He has to go even if it rains.

[해석] 비록 비가 올지라도 그는 가지 않으면 안 된다.

[설명]
"even if ..."는 「비록 …이더라도」「…일지라도」라는 의미를 나타낸다 (=though). "if" 한 단어로 "even if"의 의미를 나타낼 수도 있다. 또한 "even though"라고도 한다.

- You must go to school [*(even) if* / *(even) though*] you do not like it.
  싫어도 학교에 가지 않으면 안 된다.

- *Even if* you do your best you cannot always succeed in all things you do.
  최선을 다하더라도 하는 일이 모두 성공한다고는 할 수 없다.

Test Yourself!

다음을 우리말로 옮기세요.

1. One cannot be too careful of one's health.

2. I can never thank you enough.

3. We cannot early enough impress this fact upon our children.
   hint impress : 깊은 인상을 주다, 명심하게 하다

4. We could hardly help laughing when we saw those pigs in the freight cars.

5. He must be drunk or half asleep.

6. The pen can be used for different purposes; for instance, either in support of prevailing tendencies or in opposition to them.
   hint in support of ... : …을 지지하여   prevailing : 지배적인, 일반적인

7. He had only enough money in his pocket to pay his passage back to England.
   hint pay his passage back : 돌아갈 뱃삯을 지불하다

8. He was kind enough to show me the way to the nearest station.

9. Even if deprived of its eyes, the snail is still so minutely sensitive to light and dark that it can sense the touch upon its flesh of a passing shadow.
   hint Even if (it is) deprived of ... : 비록 …을 빼앗긴다 하더라도
   sense : 느끼다   of a passing shadow는 touch에 걸린다

Answer

1. 건강은 아무리 주의해도 지나치지 않다.

2. 나는 당신에게 충분하게 감사를 드릴 수가 없습니다(뭐라고 감사의 말씀을 드려야 할지 모르겠습니다).

3. 이 사실을 아이들에게 아무리 빨리 강조하여도 지나치지 않다.

4. 우리들은 화물차 안에 있는 저 돼지떼를 보았을 때 웃지 않을 수 없었다.

5. 그는 취해 있든지 아니면 반쯤 자고 있음에 틀림없다.

6. 펜은 여러 가지 목적을 위해서 사용할 수 있다. 예를 들면, 지배적인 경향을 변호하기 위해서도, 또한 그것에 반대하기 위해서도 사용된다.

7. 그는 주머니 속에 영국으로 돌아가는 뱃삯을 지불할 돈밖에 갖고 있지 않았다.

8. 그는 친절하게도 역으로 가는 가장 가까운 길을 안내해 주었다.

9. 비록 두 눈을 빼앗긴다 하더라도, 달팽이는 명암에 대해서 아주 민감해서 살 위를 살짝 스쳐가는 그림자도 감지할 정도이다.

중요 어구를 포함한 문장 26

26 far from ...
결코 …가 아니다

His demand was **far from** just.

해석 그의 요구는 **결코** 정당한 것이 아니었다.

설명

위의 문장은

His demand was *far from being* just.

라고 하여도 같은 의미이다.

"far from ..."은 「…로부터 멀다」라는 의미에서 「…은 커녕 ~이다」 「결코 …가 아니다」라는 의미가 된다. 즉 강한 부정을 나타낸다.

- He is *far from* (being) honest.
  그는 **결코** 정직하지 **않다**.
- It is *far from* ideal.
  그것은 **결코** 이상적이 **아니다**.
- I am *far from* finding fault with it.
  나는 **애당초** 그것에 트집을 잡을 생각은 **없다**.
- This is *far from* claiming that I was fearless.
  이것은 내가 두려움을 모른다고 주장하는 것과는 **전혀 다르다**.
- *Far from* a hard worker, he is very idle.
  노력가**이기는커녕** 그는 터무니없는 게으름뱅이다.
- *Far* be it *from* me to say that he was an idle student.
  나는 그가 태만한 학생이었다고 말할 생각은 **조금도 없다**.
  (Far be it from me to say ... : 나는 조금도 …라고 이야기하지 않는다, …라고 말할 생각은 조금도 없다)

중요 어구를 포함한 문장 27

27 for all (with all) ...
…에도 불구하고

For all his wealth, he is not happy.

해석 돈이 많이 있음에도 불구하고, 그는 행복하지 않다.

설명

1. "for all ..." 또는 "with all ..."은 「…에도 불구하고」「…이 많이 있는데도」라는 의미를 나타낸다 (= in spite of ...). 전치사의 역할을 하는 구이다.

   - The life of a hunter *with all* its perils, seems to be very pleasant.
   사냥꾼의 생활은 위험은 **있지만**, 대단히 즐거운 것 같다.

   - It may sound strange, but it is true *for all* that.
   그것은 이상하게 들릴지도 모르지만, **그런데도** 사실이다.
   (for all that[그런데도 불구하고]를 하나의 구로 생각하여도 좋다)

   - *For all* you say, I still believe he is innocent.
   당신이 **뭐라고** 말하여도, 나는 여전히 그가 결백하다고 믿고 있다.
   (you 앞에 관계대명사 that을 보충하여 생각해 보자)

2. 또한 "for all I care(내가 알 바 아니다)" "for all I know(아마)" 등의 숙어도 있다.

   - He may fail *for all I care*.
   그가 실패하여도 **내가 알 바 아니다**.
   (= I don't care if ...)

   - He may be a kind man *for all I know*.
   그는 **아마** 친절한 사람일 것이다.
   (for all I know = perhaps)

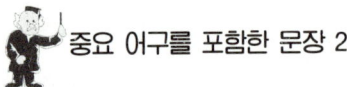
중요 어구를 포함한 문장 28

28 had better ...
…하는 편이 좋다

You had better go home at once.

[해석] 너는 즉시 집에 돌아가는 편이 좋겠다.

[설명]

1. had better + 원형부정사는 「…하는 편이 좋다」(= would be wise to), 「…해야 한다」(= ought to)라는 의미를 나타낸다. 구어로서는 "-'d better" 또는 단순히 "better"만 쓸 때도 있다.
   부정은 had better not + 원형부정사.

   - You (*had*) *better* wait till he comes.
     그가 올 때까지 기다리는 편이 좋겠다.
   - You (*had*) *better* do it right away!
     곧 그것을 하세요!
   - We (*had*) *better not* try it this year.
     금년에는 그것을 시도하지 않는 것이 좋다.

2. had best + 원형부정사는 「…하는 것이 제일 좋다」라는 의미이다.

   - You *had best* consult your father.
     아버지께 의논하는 것이 제일 좋다.

 중요 어구를 포함한 문장 29

29 had not ... before ~
…하기 전에 ~

I had not waited long before he came.

[해석] 기다린 지 얼마 안 되어 그가 왔다(오래 기다리기 전에 그가 왔다).

[설명] "had not ... before ~" 또는 "had not ... when ~"은 일반적으로 앞에서부터 (즉 주절에서부터) 번역하여 「…하기 전에 ~」라고 한다 (다음에 나오는 "had hardly ... when ~"의 경우도 마찬가지이다). 위의 문장을 직역하면 「그가 오기 전에 나는 오래 기다리지 않았다」가 된다.

- He *had not* gone far *when* he met a strange old man.
  얼마 안 가서 그는 이상한 노인을 만났다.
- They *had not* walked a mile *before* it began to rain in torrents.
  그들이 1마일도 못 걸어**가서** 비가 억수같이 퍼붓기 시작하였다.

중요 어구를 포함한 문장 30

30 had hardly ... when ~
…하자마자 ~

[예문] I **had hardly** left my home **when** it began to snow heavily.

[해석] 내가 집을 나서자마자 폭설이 내리기 시작하였다.

[설명]

1. "had hardly ... when ~"은 「…하자마자 ~」「…하기가 무섭게 ~」라는 의미를 나타낸다. hardly는 「거의 …가 아니다」라는 의미의 부정어이다. 따라서 이 형은 앞에서 언급한 "had not ... when(before) ~"의 변형이라고 할 수 있다.
   hardly 대신 scarcely를, when 대신 before를 사용하여도 좋다. 즉

   had $\begin{bmatrix} \text{hardly} \\ \text{scarcely} \end{bmatrix}$ ... $\begin{bmatrix} \text{when} \\ \text{before} \end{bmatrix}$ ~ …하기가 무섭게 ~

   • She *had scarcely* heard the news *when* she began to cry.
     그 뉴스를 듣기가 무섭게 그녀는 울기 시작하였다.

   • I *had scarcely* said that my teacher looked like a monkey *when* he came in.
     내가 선생님이 원숭이와 닮았다고 말하자마자 선생님이 들어오셨다.

2. 의미를 강조하기 위하여 어순을 바꿔서 "Hardly (Scarcely) had ... when (before) ~"라고 할 때도 있다.

   • *Hardly had* I left my home *when* it began to snow heavily.
     내가 집을 나서자마자 폭설이 내리기 시작하였다.

   이 어순의 변화는 "had no sooner ... than ~"(…하자마자 〈문형 14〉)을 "No sooner had ... than ~"으로 바꾸는 경우와 같다.

Test Yourself!

다음을 우리말로 옮기세요.

1. Nothing is farther from my intention than to criticize this famous writer.
   hint▶ farther : far의 비교급
2. Flying is an activity which, for all its astonishing complexity of balance and adjustment for flight, comes untaught to birds.
   hint▶ adjústment : 조정
3. You had better postpone your departure till next Sunday.
4. We had not waited half an hour before the fog began to clear up and a strange scene presented itself.
5. I had hardly told him that I did not believe in a ghost when he suddenly disappeared.

Answer

1. 이 유명한 작가를 비판하려는 의도는 추호도 없다.
2. 난다는 것은, 균형을 유지하며 비행을 조정하기가 놀라울 정도로 복잡함에도 불구하고, 조류에게는 가르쳐 주지 않아도 저절로 습득되는 행동이다.
3. 너는 다음 일요일까지 출발을 연기하는 게 좋겠다.
4. 기다린 지 30분도 안 되어 안개가 걷히기 시작하고 이상한 광경이 나타났다.
5. 내가 유령의 존재를 믿지 않는다고 말하기가 무섭게 그는 갑자기 사라져 버렸다.

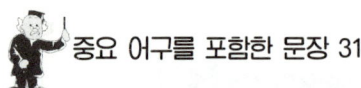

31 have you do
너에게 시키다

I wouldn't **have you do** such a thing.

[해석] 너에게 그런 일을 시키고 싶지 않다.

[어구] wouldn't = would not : …하고 싶지 않다

[설명]

1. have + 사람 + 원형부정사는 「…시키다」「…하게 하다」라는 의미를 나타낸다. get + 사람 + to부정사도 같은 의미이다.

    • I *had him cut* my hair.
      나는 **그로 하여금** 내 머리를 **자르게 했다**.
      (나는 그에게서 머리를 깎았다)

    • I *got him to cut* my hair.
      (위의 문장과 같은 뜻. to가 있다)

    • What would you *have me do*?
      당신은 **나에게** 무슨 일을 **시키고** 싶습니까?

2. 일종의 수동태로서 have(또는 get) + 사물 + 과거분사의 형식도 있다. 「…하게 하다」「…시키다」 또는 「…하여지다」「… 당하다」라는 의미이다. 위의 형과 혼동하지 말 것.

    • I *had my hair cut*.
      나는 **머리를 깎았다**. (남을 시켜서)
      (cut은 여기에서는 과거분사. cut = cut by somebody)
      = I *got my hair cut*.

    • He $\begin{bmatrix} had \\ got \end{bmatrix}$ *his watch stolen*.
      그는 **시계를 도둑맞았다**. (문형 80 참조)

중요 어구를 포함한 문장 32

32 have nothing to do with ...
…와 관계가 없다

He **has nothing to do with** the affair.

[해석] 그는 그 일과 관계가 없다.

[설명]

"have nothing to do with ..."는 「…와 관계가 없다」라는 의미이다. 다음과 같은 유사구가 있다.

| have | something (어느 정도)
anything (무언가)
much (크게)
little (거의 …없다)
a great deal (크게)
more or less (다소) | to do with ... |

- This *has nothing to do with* you.
  이것은 너와는 관계가 없다.
- Chance *has very little to do with* his success.
  우연은 그의 성공과 거의 관계가 없다.
- The state of weather *has a great deal to do with* our health.
  기후 상태는 우리들의 건강과 크게 관계가 있다.
- We do not think he *has anything to do with* the matter.
  우리는 그가 그 문제와 무언가 관계가 있다고는 생각하지 않는다.
- They have *more or less to do with* the matter.
  그들은 그 일에 다소 관계가 있다.

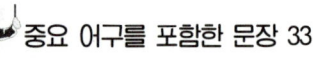

33 have to ...
···하지 않으면 안 되다

He had to get up at four o'clock.

해석 그는 4시에 일어나지 않으면 안 되었다.

설명

1. "have to ..."는 「···하지 않으면 안 되다」라는 의미이다 (= must). must의 과거나 미래를 나타내는 데는 각각 "had to ...(···하지 않으면 안 되었다)" "will (or shall) have to ...(···하지 않으면 안 될 것이다)"를 사용한다.

   그러나 간접화법에서는 had to 대신 must를 쓴다. 예를 들면,

   He *said* he *must* go.
   가지 않으면 안 된다고 그는 말했다.

   • He *has to* leave home at five.
   그는 5시에 집을 나오지 **않으면 안 된다**. (has to = must)

   • It was raining, but they *had to* go out.
   비가 오고 있었지만, 그들은 외출하지 **않으면 안 되었다**.

   • [I shall / You will] *have to* come here again.
   다시 이 곳에 오지 **않으면 안 될 것이다**.

   • A kitchen *has to* be kept clean.
   부엌은 청결하게 유지되지 **않으면 안 된다**. (has to = must)

   • I [have not to / do not have] do it now.
   지금 그것을 할 **필요는 없다**. (= I need not do it now.)

2. 또한 "have only to ..."라는 숙어도 있다. 「…하기만 하면 된다」라는 의미이다.

- You *have only to* press this button.
  당신은 이 단추를 누르**기만 하면 된다**.
- You *have only to* go to her home.
  당신은 그녀의 집에 가**기만 하면 된다**.

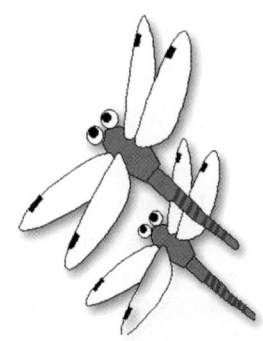

34 hit him in the eye
그의 눈에 맞다

The ball hit him in the eye.

해석 공이 그의 눈에 맞았다.

설명
영어에서는 "The ball hit his eye."라고 해야 할 것을 "The ball hit him in the eye."라고 한다. (the를 사용하는 것에 주의)
다음 예문을 보고 그 형식의 용법을 익혀 보자.

- He *struck the boy on the head.*
  그는 그 소년의 머리를 때렸다.
- She *caught her son by the arm.*
  그녀는 아들의 팔을 잡았다.
- She *patted me on the shoulder.*
  그녀는 내 어깨를 가볍게 두드렸다.
- I *seized him by the neck.*
  나는 그의 목덜미를 잡았다.
- I *shook her by the hand.*
  나는 그녀와 악수하였다.
- He *was struck on the head* by his brother.
  그는 형에게 머리를 맞았다. (수동태)
- He *was seized by the neck.*
  그는 목덜미를 잡혔다. (수동태)

위의 동사 이외에 take, hold, drag(끌다), pull(끌어당기다) 등에도 이런 용법이 적용된다.

중요 어구를 포함한 문장 35

35 if ...

① 만약 ··· ② 비록 ···일지라도 ③ ···인지 어떤지

---

① If he is honest, he will be employed.

[해석] 만약 그가 정직하다면, 고용될 것이다.

[설명] If에는 세가지 의미가 있다. 먼저 「만일 ···이면」이라는 조건을 나타내는 데 사용되는 접속사의 용법을 알아보자.

- He will certainly succeed *if* he works hard.
  만일 열심히 일한다면, 그는 반드시 성공할 것이다.
- *If* he knows the secret, he will tell it to you.
  그가 비밀을 알고 **있다면**, 그것을 너에게 이야기할 것이다.

다음과 같이 사실과 반대되는 가정을 나타내는 수도 있다 (가정법 과거를 사용하는 경우).

- *If* he *were* honest, he *would* be employed.
  만일 그가 정직**하다면** 고용될 **텐데** (사실은 정직하지 않다).
- *If* he *knew* the secret, he *would* tell it to you.
  그가 비밀을 **알고 있다면** 그것을 너에게 이야기할 **텐데** (사실은 비밀을 모른다).

---

② If you work hard, you cannot finish it in a week.

[해석] 비록 열심히 일한다 해도 그 일을 1주일에 끝낼 수는 없다.

> 설 명

두 번째로 if는「비록 …일지라도」라는 의미로 사용된다. (=even if)
(문형 25 참조)

- *If* he knew the secret, he would not tell it to anybody.
  비록 비밀을 알고 있다 **하더라도**, 그는 그것을 아무에게도 이야기하지 않을 것이다.

- *If* it was wrong, it was at least meant well.
  설사 그것이 잘못이었다 **하더라도**, 적어도 선의에서 비롯된(악의는 없는) 것이었다.

〈비교〉
- He will not go *if* it rains.
  만일 비가 온다면, 그는 가지 않을 것이다.
- He will go *if* it rains.
  설사 비가 온다 **해도**, 그는 갈 것이다.

③ He asked me **if** she had arrived.

> 해 석

그는 나에게 그녀가 벌써 도착하였는**지 어떤지** 물었다.

> 설 명

마지막으로 if는「…인지 어떤지」라는 의미로 사용된다. (=whether)

- He asked *if* I had met her before.
  그는 나에게 전에 그녀를 만난 적이 있는**지 어떤지** 물었다.

- I doubt *if* he will arrive on time.
  그가 시간 내에 도착할**지 어떤지** 의심스럽다.

Test Yourself!

다음을 우리말로 옮기세요.

1. It is difficult to get men to believe that men of science study only because they like to study.
2. I believe he has something to do with what has happened.
3. He had only to finish the novel, and all would be well.
4. Someone seized me by the ear while I was walking in the dark.
5. I asked him if he would start the next morning. "Yes, I'll start for Chicago if it hasn't stopped raining." he said.

Answer

1. 과학자는 단지 공부를 좋아하기 때문에 공부한다는 것을 사람들에게 믿게 하기란 어려운 일이다.
2. 나는 그가 이번 사건에 다소 관련돼 있다고 생각한다.
3. 그는 그 소설을 완성하기만 하면 된다. 그러면 만사가 잘될 것이다.
4. 어둠 속에서 걷고 있을 때 누군가가 내 귀를 붙잡았다.
5. 나는 그에게 다음날 아침에 출발할 것이냐고 물었다. "응, 비가 그치지 않더라도 시카고로 출발할 거야"라고 그는 말했다.

중요 어구를 포함한 문장 36

36 in order to ...
…하기 위해서

He went to Italy in order to study music.

해석   그는 음악 공부를 하기 위해서 이탈리아로 갔다.

설명

1. "in order to ..."는 「…하기 위해서」라는 의미로 목적을 나타낸다. 단순히 "to ..."라고 하는 것도 같은 의미지만, in order to라고 하면 목적이라는 것이 분명해진다.

    • She came here *in order to* meet her aunt.
      그녀는 아주머니를 만나**기 위해서** 이 곳에 왔다.

    부정(…하지 않기 위해서)은 "in order not to ..."이다.

    • He went away *in order not to* see his uncle.
      그는 아저씨를 만나**지 않기 위해서** 떠나 버렸다.

    • If the boy was the first of a group to dive, the others would soon follow, *in order not to* walk home in shame.
      그 소년이 친구들 중에서 맨 먼저 물에 뛰어들면, 다른 아이들도 부끄러운 마음으로 집에 돌아가**지 않기 위해서** 곧 뒤를 따르곤 하였다.

2. "in order that ... may"도 "in order to ..."와 같은 의미를 나타낸다. 단, in order that의 뒤에는 절(clause)이 이어진다.

    • He studied hard *in order that* he *might* pass the examination.
      시험에 합격**하기 위해서** 그는 열심히 공부했다.
      (= He studied hard *in order to* pass the examination.)

중요 어구를 포함한 문장 37

37 indeed ... but ~ (It is true ... but ~)
정말 (과연) … 그러나 ~

It is **indeed** a fine idea, **but** how do you put it into practice?

해석 정말 좋은 생각이지만, 어떻게 실행에 옮길 거니?

설명

"indeed ... but ~"은 「정말(과연) … 그러나 ~」라는 의미를 나타낸다. but과 같은 의미이지만, indeed가 있으면 대조가 분명해진다. indeed의 위치는 고정되어 있지 않다. 또 indeed와 but이 상당히 떨어져 있을 수도 있기 때문에 주의해야 한다. 그리고 그러한 경우야 말로 어디와 어디가 대조되고 있는가가 분명해진다.

- *Indeed* he is young, *but* he is very wise.
  정말 나이는 젊**지만**, 그는 아주 현명하다.

이와 비슷한 구에는 다음과 같은 것이 있다. 모두 같은 뜻을 나타낸다.

it is true / certainly / to be sure / no doubt / may / yes	……	but / yet / and yet / still

- *It is true* he is very rich, *but* no one likes him.
  정말 그는 큰 부자이**지만**, 아무도 그를 좋아하지 않는다.

- The book *may* not be amusing, *but* it is very useful.
  그 책은 재미없을지 **모르지만**, 대단히 유익한 것이다.

- He was, *to be sure*, a successful businessman, *and yet* he was not entirely happy.
  과연 그는 성공한 사업가였**지만**, 반드시 행복하다고는 할 수 없었다.

중요 어구를 포함한 문장 38

38 It is ... to ~
~하는 것은 …이다

It is difficult **to** master any foreign language in a few weeks.

[해석] 어떤 외국어라도 2, 3주일에 숙달하는 것은 어렵다.

[설명]

1. It는 가주어(또는 형식주어)라고 하며, to ...를 가리킨다. 즉 It = to ....

   • *It is* wrong *to* tell a lie.
   거짓말을 하는 것은 나쁘다. (= To tell a lie is wrong.)

   • *It is* one thing *to* own a library; *it is* quite another *to* use it wisely.
   장서를 가지고 있는 것과 그것을 현명하게 활용하는 것은 전혀 별개의 문제이다.
   (one ... quite another [thing] : …과 ~과는 전혀 별개의 것이다.
   own = have   a library = a collection of books)

2. "It ... for ~ to"라는 형식도 있다.

   • *It* is difficult *for* me *to* master the foreign language in a few weeks.
   그 외국어를 2, 3주일에 숙달한다는 것은 나에게는 힘든 일이다.

   • *It* was absolutely necessary *for* them *to* return to their camp before dark.
   어둡기 전에 캠프로 돌아오는 것은 그들에게 절대로 필요한 일이었다.

위의 두 예문을 각각 "내가 그 외국어를 2, 3주일에 숙달한다는 것은 힘든 일이다" "그들이 어둡기 전에 캠프로 돌아오는 것은 절대로 필요하였다"라고 번역하여도 좋다. 즉 for me, for them을 의미상의 주어로서 번역하는 것이다.

It ... to는 일반적인 경우 혹은 전후관계에 의하여 인물을 알 수 있는 경우에, It ... for ~ to는 특정인을 나타낼 때 사용한다.

3. It가 이른바 가목적어(또는 형식목적어)가 되는 경우도 있다.

- I found *it* very hard *to* finish the task in a week.
그 임무를 1주일에 끝내**는 것은** 매우 어렵다는 것을 알았다.
(it = to finish ...)

중요 어구를 포함한 문장 39

39 It is ... that ~
~하는 것은 …이다

It is certain **that** he has something to do with the matter.

[해석] 그가 그 문제와 관계가 있**는 것은** 확실**하다**.

[어구] has something to do with ... : …와 (다소) 관계가 있다.
(문형 32 참조)

[설명]

1. It는 가주어로서 that ...을 가리킨다. 즉 It = that ....

   • *It is* true *that* he is dead.
   그가 죽은 **것은** 사실**이다**.
   (= That he is dead is true.)

   • *It is* quite natural *that* he should be angry.
   그가 화를 내**는 것은** 지극히 당연**하다**.
   (감정이나 감상 등을 가리키는 경우에는 일반적으로 should를 사용한다)

2. It = to ...의 경우와 마찬가지로 it가 가목적어로 사용될 때도 있다. 그러한 경우는 가주어의 경우와 비교하면 극히 드물다.

   • He made *it* clear *that* we could not put the idea into practice.
   우리들이 그 안을 실행할 수 없다고 **하는 것을** 그는 분명하게 하였다.
   (it = that we could not ...)

중요 어구를 포함한 문장 40

40 It is no use ~ing
~해 봐야 소용없다

It is no use trying to convince him of his error.

[해석] 그에게 그의 잘못을 깨닫게 하려고 애써 **봐야 소용없다**.

[설명]
문장 처음의 It는 ~ing(동명사)를 가리킬 수도 있다.

- *It's no use crying* over spilt milk.
  엎지른 우유를 두고 **울어 봐야 소용없다**.
  (= 엎지른 물은 다시 담을 수 없다 [속담])

- *It is absurd talking* about an impracticable plan.
  실행 불가능한 계획에 대하여 **이야기하는 것은 어리석은 일이다**.
  (talking = to talk)

문형 38, 39 및 40에서 설명한 것을 종합하면, It는
   (1) to ... (2) that ... (3) ~ing
를 가리키는 데 사용된다는 것이 된다.
또 하나의 예로서 It가 의문사 등이 이끄는 절을 가리킬 때도 있다.

- *It* does not matter *where* he goes if he comes back before supper.
  저녁식사 전에 돌아오기만 하면, 그가 **어디에 가든지** 상관없다.

- *It* is not certain *whether* he will come.
  그가 올**지 어떨지**는 분명치 않다.

Test Yourself!

다음을 우리말로 옮기세요.

1. They came here in order to search for the fossil that must lie buried somewhere.
   hint fossil : 화석
2. Honest people sometimes lead miserable lives, it is true, but honesty nevertheless is the best policy.
3. It is better to have loved and lost than never to have loved at all.
4. He thought it strange that so many people were contented with their lot.
   hint lot : 운명
5. It matters not how long we live, but how.

Answer

1. 그들은 어딘가에 분명히 매몰되어 있는 화석을 찾기 위해서 이곳에 왔다.
2. 정직한 사람이 비참한 생활을 하는 경우도 종종 있지만, 그래도 정직이 최선의 방책이다.
3. 전혀 사랑한 경험이 없는 것보다는 사랑해서 실연하는 편이 낫다.
4. 그렇게 많은 사람들이 자신의 운명에 만족하고 있다는 것은 기묘한 일이라고 그는 생각하였다.
5. 얼마나 오래 사는가가 문제가 아니라 어떻게 사는가가 문제이다.

중요 어구를 포함한 문장 41

41 It is ... that ~ (강조구문)
~은 …이다

It was his father **that** was most surprised.

[해석] 가장 놀란 사람은 그의 아버지였다.

[설명]
문형 39와 유사한 형식이지만, "It is ... that"은 강조구문으로서 사이에 낀 어구를 강조하기 위해서 사용된다.
예를 들면,

> His father was most surprised.
> 그의 아버지가 가장 놀랐다.

라는 문장이 있다고 하자. 이 문장의 주어 his father를 강조하기 위해서는 이것을 It was와 that의 중간에 삽입한다.

> *It was* his father *that* was most surprised.
> 가장 놀란 **사람은** 그의 아버지**였다**.
> (사람인 경우 that 대신 who를 사용하여도 좋다)

또 하나의 예를 들면,

> He met his teacher while he was waiting for the train.
> 그는 열차를 기다리고 있는 동안에 그의 선생님을 만났다.

이 문장의 He, his teacher, while ... 을 강조하기 위해서는 각각 다음과 같이 쓴다.

> 1. *It was* he *that* met his teacher while he ....
>   열차를 기다리고 있는 동안에 선생님을 만났던 **사람은 그였다**.
> 2. *It was* his teacher *that* he met while he ....
>   열차를 기다리고 있는 동안에 그가 만났던 **사람은** 선생님**이었다**.

3. *It was* while he was waiting for the train *that* he met his teacher.
   그가 선생님을 만났던 **것은** 열차를 기다리고 있을 때**였다**.

- *It is* you *that* are in the wrong.
  잘못된 **것은** 네 쪽**이다**.
  (that을 who로 하여도 좋다)

- *It may have been*, in part, man's better memory *that* enabled him to rise above the chimpanzee.
  인간을 침팬지보다 위대하게 한 **것은**, 부분적으로는 침팬지보다 훌륭한 인간의 기억력**이었는지도 모른다**.
  (enable ... to ~ : …이 ~하는 것을 가능케 했다)

중요 어구를 포함한 문장 42

42 It is not till ... that ~
…이 되어 비로소 ~

It was not till that time **that** I found I had been deceived.

해석 그때에야 비로소 내가 속았다는 것을 알았다.

설명

"It is not till(or untill) ... that ~"은 「~은 …하기 전까지는 아니었다」 즉 「…이 되어서야 비로소 ~」라는 의미이다. 이 형식은 부정이 앞에 나와 있지만, 앞서 설명한 문형 41의 일종으로 볼 수도 있다. 즉

  I did not find I had been deceived till that time.
  그때까지는 내가 속았다는 사실을 몰랐다.

  →*It was* not till that time *that* I found ....
  내가 속았다는 것을 발견한 것은 그때 전까지는 아니었다.

• *It was not until* the middle of last century *that* the country became a real democracy.
그 국가가 진정한 민주국가가 된 것은 지난 세기의 중엽 전까지는 아니었다. (= 지난 세기의 중엽에 **이르러서야 비로소** 그 국가는 진정한 민주국가가 되었다)

• *It was not till* I arrived home *that* I found I had made a blunder.
집에 도착해**서야 비로소** 나는 큰 실수를 했다는 것을 알았다.

중요 어구를 포함한 문장 43

43. It is with ... as with ~
…은 ~과 같은 것이다

It is with life **as with** a voyage.

[해석] 인생은 항해와 같은 것이다.

[설명]

"It is with ... as with ~" 또는 "It is in ... as in ~"은 「…은 ~과 같은 것이다」라는 의미를 나타낸다. 앞의 어구가 핵심부이고, as with의 뒤에 오는 것은 비유하는 부분이다.

- *It is with* reading books *as with* meeting and talking with one's friends.
  독서는 친구들과 만나서 이야기하는 것과 같은 것이다.

- *It is in* man *as in* soils, where sometimes there is a vein of gold which the owner knows not of.
  사람은 토지와 같은 것으로서, 이따금 소유주가 모르는 금맥이 존재하기도 한다.
  (where = in which)

중요 어구를 포함한 문장 44

44 It will be ... before ~
~ 하기까지는 …걸릴 것이다

It will be some time **before** he gets well.

[해석] 그가 회복하기까지는 다소 시간이 걸릴 것이다.

[설명]
"It will be ... before ~"는 「~하기까지는 (시간이) …걸릴 것이다」라는 의미이다. 미래형 이외의 형식도 있다.

- *It will be* about a week *before* he finishes the work.
  그가 일을 끝마치**기까지는** 약 1주일이 **걸릴 것이다.**

- *It was* long *before* he started.
  그가 출발**하기까지는** 오랜 시간이 **걸렸다.**
  (= 상당한 시간이 지나서 그는 출발했다)

- *It was* about half a year *before* we knew for certain that he was dead.
  그가 죽었다는 것을 우리들이 확실히 알**기까지는** 약 반 년이 **걸렸다.**

중요 어구를 포함한 문장 45

45 lest (for fear) ...
…하지 않도록

We spoke very low **lest** anyone should overhear us.

해석 누가 엿듣지 않도록 우리는 소리를 아주 낮춰서 이야기했다.

설명

1. "lest ..."는 「…하지 않도록」「…하지는 않을까」라는 의미를 나타내는 접속사이다. (= so that ... not)
   "for fear that ..." 또는 "for fear ..."라고도 한다. lest 뒤에는 일반적으로 should가 온다. 그러나 가정법 현재(즉 be동사나 3인칭 단수도 -s가 붙지 않는 동사형)가 오는 수도 있다.

   • I will keep his book *lest* he should lose it.
   그가 잃어버리지 않도록 내가 그의 책을 보관해 둘 것이다.
   (= ... lest *he lose* it. = ... so that he may not lose it.)

   • Take heed *lest* any man (should) deceive you.
   남에게 속지 않도록 주의하세요.

   • He worked hard *for fear* (*that*) he (should) fail.
   실패하지 않도록 그는 열심히 일했다.
   (lest, for fear [that] 뒤에는 과거문에서도 should, 혹은 가정법 현재 [위 문장에서는 fail]를 사용한다.)

2. 두려움, 걱정 등을 나타내는 어구의 뒤에서는 lest가 that과 같은 의미로 쓰인다.

   • I was afraid *lest* he should fall.
   그가 쓰러지지나 않을까 나는 걱정했다. (lest = that)

   • I feared *lest* he might die.
   나는 그가 죽지나 않을까 두려웠다. (might = should)

Test Yourself!

다음을 우리말로 옮기세요.

1. It is only occasionally and in spite of ourselves that we directly understand the mystery of given reality.
   hint occasionally : 이따금, 간혹
   in spite of ourselves : 무의식적으로, 우리도 모르게

2. He said it is justice, and not might, that wins in the end.

3. It was not until man learned to use fire that he could conquer nature.

4. It is with life as with a long journey: we go through hard, as well as pleasant, experiences.

5. It was not long before we again met by chance.

6. He ran away lest he be caught in the act.

7. She was afraid lest any harm should befall her son.

Answer

1. 우리들이 주어진 현실의 신비를 직접적으로 이해하는 것은 단지 간혹 무의식적으로일 뿐이다.
2. 최후에 승리하는 것은 정의이지 힘이 아니라고 그가 말했다.
3. 인류는 불을 사용하는 것을 배우고서야 비로소 자연을 정복할 수가 있었다.
4. 인생은 긴 여로와 같은 것이다. 즐거운 경험뿐만 아니라 쓰라린 경험도 있다.
5. 얼마 안 되어 우리는 다시 우연히 만났다.
6. 그는 현장에서 잡히지 않도록 도망쳤다.
7. 어떤 위험이 아들에게 닥치지나 않을까 그녀는 두려워했다.

중요 어구를 포함한 문장 46

46 make it a rule to ...
언제나 …하기로 하고 있다

He **made it a rule to** come here on Saturday afternoon.

해석 그는 토요일 오후에는 언제나 여기에 오기로 하고 있다.

설명
"make it a rule to ..."는 「언제나 …하다」「…하기로 하고 있다」「…하는 것이 상례(습관)이다」라는 의미를 나타낸다 (=always). it는 문형 38 3.에서 설명한 가목적어로서 to ...를 가리킨다. rule은 「습관」이란 뜻이다.

- She *makes it a rule to* rise early in summer.
  여름에 그녀는 **언제나** 일찍 일어**난다**.
  (= She always rises early ... = Her rule is to rise early ...)

- He *made it a rule to* go to a pond about two miles east of his home when tired with study.
  공부에 지치면 그는 **언제나** 집에서 동쪽으로 약 2마일 정도 떨어진 곳에 있는 연못에 나가**곤 했다**.
  (= He used to go to ...)

 중요 어구를 포함한 문장 47

47 may well ...
…은 당연하다

He may well be proud of his son.

해석 그가 아들 자랑을 하는 것은 당연하다.

설명

1. "may well ..."은 「…은 당연하다」「…하는 것은 무리가 아니다」라는 의미를 나타낸다 (=has good reason to ...). "..., and well ~ may"라는 형이 될 때도 있다.

   - She *may well* be proud of her skill.
     그녀가 자기의 솜씨를 자랑하는 것은 당연하다.
     (= She is proud of her skill, *and well* she *may*.)

   - He *might well* be very troubled.
     그가 크게 고민한 것은 무리가 아니었다.
     (= He was very troubled, *and well* he *might* be.)

2. 이와 비슷한 구로 "may as well ..." 「…해도 좋다, …하는 편이 좋다」, "might as well ... as ~" 「~하느니 차라리 …하는 편이 낫다」 등이 있다.

   - You *may as well* go. 너는 가도 좋다.
   - One *may as well* not know a thing at all *as* know it imperfectly.
     어떤 일을 불완전하게 아느니 차라리 전혀 모르는 편이 낫다.
   - You *might as well* expect the sun to rise in the west *as* expect me to change my opinion.
     내가 의견을 바꾸는 것을 기대하느니 차라리 태양이 서쪽에서 뜨는 것을 기대하는 편이 낫다.

   might as well ... as ~에서 비유의 전후가 바뀌지 않도록 주의해야 한다.

중요 어구를 포함한 문장 48

48 much more (still more) ...
하물며 …은 더욱 그렇다

> Every one has a right to enjoy his liberties,
> **much more** his life.

해석 사람은 모두 자유를 누릴 권리가 있다. 하물며 자신의 인생은 더욱 그렇다.

요점 his life는 enjoy에 연결된다.

설명
"much more …" 또는 "still more …"는 「하물며 …은 더욱 그렇다」 「더구나 …」「…은 물론」이라는 의미를 나타낸다.

- He knows German, *still more* English.
  그는 독일어를 알고 있다. 영어는 **물론이다**.
- If you have to study so hard, how *much more* must I?
  네가 그렇게 열심히 공부해야 한다면, 나는 **더 말할 나위가 없다**.

 중요 어구를 포함한 문장 49

49 much less (still less) ...
더욱 …은 아니다

> He knows **little** about prose literature,
> **much less** about poetry.

[해석] 그는 산문 문학에 대해서 거의 아는 바 없고, 시에 대해서는 더욱 모른다.

[설명] "much less ..." 또는 "still less ..."는 「더더욱 …은 아니다」「하물며 …은 아니다」라는 의미를 나타낸다. 앞에서 설명한 much more (still more)는 긍정문에 이어지지만, much less (still less)는 부정문에 이어진다.

- He can*not* speak English, *still less* German.
  그는 영어는 말할 줄 **모른다**. 독일어는 **더더욱 그렇다**.
- There are very *few* visitors to this seashore even in summer, *much less* in winter.
  여름에도 이 해안을 방문하는 사람은 아주 **적다**. 겨울은 **더더욱 그렇다**.
- You should *not* think this, *much less* say it.
  너는 이 일을 생각하면 **안 된다**. 하물며 그것을 말해서는 **더더욱 안 된다**.

중요 어구를 포함한 문장 50

50 neither ... nor ~
···도 ~도 아니다

We can neither go nor stay.

[해석] 우리들은 갈 수도 머물 수도 없다.

[설명]
"neither ... nor ~"는 「···도 ~도 아니다」라는 의미이다. 즉, 두 개의 사물(경우에 따라서는 두 개 이상의 사물)을 부정하는 형이다.

- It seems there were once some animals which were *neither* men *nor* apes definitely.
  일찍이 인류도 유인원(類人猿)도 아닌 어떤 동물이 분명히 있었던 것 같다.

- They often seem driven by forces they can *neither* understand *nor* govern.
  그들은 종종 이해할 수도 지배할 수도 없는 힘에 의하여 쫓기고 있는 것처럼 보인다.
  (forces 다음에 which를 넣어서 생각하면 좋다)

- *Neither* France *nor* Russia —*nor* any other nation —wanted war.
  프랑스도 러시아도 그 어떤 다른 나라도 전쟁을 원하지 **않았다**.

Test Yourself!

다음을 우리말로 옮기세요.

1. He made it a rule to write to his teacher as well as his parents once a month.

2. You may well say so.

3. The visitor may as well rid his mind of any intention of seeing all; there are so many things to see in this city.
   hint rid ... of ~ : …에서 ~을 제거하다

4. You might as well go to a tree for fish.

5. He can write English very well, much more can he read it.

6. One would not wish to stay in such a desolate place even for a few days, still less would one be willing to stay there all one's life.
   hint desolate : 황량한, 적적한

7. Brave boy as he was, he was neither afraid nor surprised when he was told to go up the snowy mountain with his father.

Answer

1. 그는 한 달에 한 번 부모님은 물론 선생님께 편지를 보내는 것을 습관으로 하고 있다.

2. 당신이 그렇게 이야기하는 것은 당연하다.

3. 관광객은 모든 것을 다 보겠다는 생각을 마음에서 버리는 편이 좋다. 이 도시에는 볼 것이 너무 많기 때문이다.

4. (그러한 것을 시도하는 것은) 나무서 물고기를 구하는 것이나 마찬가지이다.

5. 그는 매우 능숙하게 영어를 쓸 수가 있다. 영어를 읽을 수 있는 것은 물론이다.

6. 그처럼 황량한 곳에 단 며칠 동안만이라도 머무르기를 바라는 사람은 없다. 하물며 일생을 그곳에 머무르기를 바라는 사람은 더더욱 없을 것이다.

7. 그는 용감한 소년이었기 때문에, 아버지와 함께 그 눈 덮인 산에 오를 것이라는 말을 들었을 때, 두려워하지도 놀라지도 않았다.

 중요 어구를 포함한 문장 51

51. never ... without ~
…하면 반드시 ~

I **cannot** see this picture **without** thinking of my native place.

해석 나는 이 그림을 보면 반드시 고향 생각이 난다.

설명

1. "never ... without ~"는 「…하면 반드시 ~」라는 의미이다 (=Whenever). 원래의 의미는 「~하지 않고서는 …하지 않다」이다.
위 문장의 본래의 뜻은 「나는 고향 생각을 하지 않고서는 이 그림을 볼 수가 없다」이다. never 대신 다른 부정어가 사용될 때도 있다.

- He *never* crossed this bridge *without* stopping to look at the beautiful sight around it.
그는 이 다리를 건널 **때에는 반드시** 멈춰서 주위의 아름다운 풍경을 바라보았다.

- *No one* can read this book *without* being deeply impressed.
누구든지 이 책을 읽으**면 반드시** 깊은 인상을 받는다.

- We can *hardly* leave Italy *without* a peep at Rome, Venice, and Naples.
우리들은 로마, 베니스, 나폴리를 한번 둘러보지 **않고서는 좀처럼** 이탈리아를 떠날 수가 없다.

2. 위와 같은 의미의 형식으로 **never**(혹은 기타의 부정어)+**but**이 있다.

- They *never* meet *but* they quarrel.
그들은 만나**면 반드시** 싸운다.
(=They never meet without quarreling.)

- It *never* rains *but* it pours.
  비가 내리**면 반드시** 억수같이 쏟아진다.
  (= 불행은 한꺼번에 찾아온다[속담])
  (it pours : 비가 억수같이 쏟아지다)

이 형식은 자주 사용되는 것은 아니다.

"never ... without", "never ... but"의 형을 혼동하지 말 것. 즉

```
 ┌ never ... without + 명사, 혹은 동명사( -ing)
 └ never ... but     + 절(주어 + 동사)
```

52 no less than ...
…만큼이나

> He paid **no less than** a thousand dollars.

해석 그는 1,000 달러**나** 지불했다.

설명

1. "no less than ..."은 「…만큼이나」「실로 …」라는 의미이다.
 (= as much as)

   • He had *no less than* ten children.
   그에게는 10명이나 되는 아이들이 있었다.

  "no less than"과 "not less than"을 비교해 보면

   He paid *no less than* a hundred dollars.
   그는 100달러나 지불했다. (= 그가 지불한 금액은 100달러였다)

   He paid *not less than* a hundred dollars.
   그는 100달러 **혹은 그 이상** 지불했다.

2. "no fewer than ..."이라는 형도 있다.

   • There were *no fewer than* a hundred people in the room.
   그 방에는 100명**이나** 되는 사람이 있었다.

중요 어구를 포함한 문장 53

53 no less ... than ~
~에 못지 않게 …

> Peace of mind is **no less** necessary for our health **than** fresh air, sunlight and nutrition.

[해석] 마음의 평화는 신선한 공기, 햇볕, 영양에 못지않게 우리들의 건강을 위해서 필요하다.

[설명]

1. "no less ... than ~" 또는 "not less ... than ~"은 「~에 못지않게 …」「~와 마찬가지로 …」라는 의미이다. (= quite as ... as ~)

   - He is *no less* guilty *than* you.
     그는 너 못지않게 죄가 있다.

   - The newspaper, radio and television are *not less* necessary *than* food for modern people.
     신문, 라디오, 텔레비전은 현대 사람들에게 음식과 마찬가지로 필요하다.
     (= The newspaper, radio, and television are quite as necessary as food for ...)

2. "no less ... than ~"에는 다음과 같은 용법도 있다.

   - He turned out to be *no less* a person *than* the king.
     그는 **바로** 국왕이라는 것이 판명되었다.

중요 어구를 포함한 문장 54

54. no more than ...
겨우

He paid no more than ten dollars.

[해석] 그는 **겨우** 10달러를 지불했을 뿐이다.

[설명]
"no more than ..."은 「겨우 …」「불과 …」라는 의미이다. (= only)

- There were *no more than* five people.
  겨우 5명이 있었을 뿐이다.

- It proved to be *no more than* a rumor.
  그것은 소문에 **지나지 않는다는** 것이 판명되었다.
  (no more than = only; nothing but)

〈비교〉 ┌ He paid *no more than* five dollars.
         그는 **겨우** 5달러를 지불했다.
       │ He paid *not more than* five dollars.
         그는 **많아야** 5달러를 지불했다.
       └ (not more than = at most : 많아야)

그러나 "no more than"과 "not more than" 구문이 서로 명확하게 구별되지 않을 수도 있다.

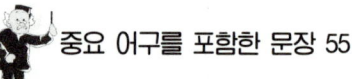 중요 어구를 포함한 문장 55

55. no more ... than ~
~이 아닌 것과 마찬가지로 …이 아니다

I am no more afraid of it than he is.

해석 그와 마찬가지로 나도 그것을 무서워하지 않는다.

설명

1. "no more A than B"는 A, B를 동시에 부정하는 형식이다. 「B가 아닌 것과 마찬가지로 A가 아니다」「B 이상으로 A가 아니다」라는 의미이다. B의 뒤에는 부정어를 쓰지 않는다.

   • I am *no more* crazy *than* you are.
     너(네가 미치지 않은 것)**와 마찬가지로** 나도 미치지 **않았다**.

   • A whale is *no more* a fish *than* a horse is.
     고래는 말**과 마찬가지로** 물고기가 **아니다**(=고래가 물고기가 아닌 것은 말이 물고기가 아닌 것과 같다).

   • Economic laws can *no more* be evaded *than* can gravitation.
     경제법칙은 만유인력과 **마찬가지로** 피할 수 **없는 것이다**.

   다음 문장처럼 주어와 보어가 서로 관련이 없는 경우도 있다.

   • A home without love is *no more* a home *than* a body without a soul is a man.
     영혼이 없는 육체가 인간이 아닌 것과 **마찬가지로** 애정이 없는 집은 진정한 가정이 **아니다**.

2. "no more ... than ~"과 같은 의미의 구로 "not ... any more than ~"이 있다.

   • A whale is *not* a fish *any more than* a horse is.
     고래는 말**과 마찬가지로** 물고기가 **아니다**.

- A nation is *not* to be judged by its size *any more than* an individual.
  국민은 개인**과 마찬가지로** 그 크기로 판단되어서는 **안 된다**.
  (is not to be = must not be *or* cannot be)

Test Yourself!

다음을 우리말로 옮기세요.

1. Man cannot begin to think of art without at the same time thinking of love, of equality, of possessions, of all else by which his mind and spirit are engaged.
   hint by ... are engaged : …이 끌리다, 사로잡히다

2. He saved no less than a million won in no more than three months.

3. She was no less tender as a nurse than she had been brave as a sailor.

4. He was no more contented than I was.

5. He was naturally a man of creative energy, a man who could no more help being conspicuous among ordinary human beings than a sovereign in a plate of silver.
   hint conspicuous : 현저한, 눈에 띄는　　sovereign : 1파운드 금화
   a plate of silver : (교회의) 은제 헌금접시

Answer

1. 사람은 예술에 대해서 생각하기 시작하면 그와 동시에 반드시 사랑, 평등, 재산, 그리고 그 밖에 인간의 마음과 정신이 끌리는 온갖 것에 대해서도 생각한다.

2. 그는 불과 석 달 만에 백만 원이나 저축했다.

3. 그녀는 예전에 선원으로서 용감했던 것과 마찬가지로 간호사로서도 친절했다.

4. 그는 나와 마찬가지로 만족하지 않았다.

5. 그는 날 때부터 창조적인 힘을 가진 사람이었다. 평범한 사람들 사이에 있으면 은제의 헌금접시에 놓인 금화처럼 눈에 띄지 않을 수 없는 사람이었다.

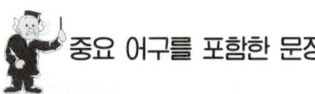

중요 어구를 포함한 문장 56

56 no matter what
무엇이 …하더라도

No matter what you may do, do it well.

해석 무엇을 하더라도 잘 해라.

설명

no matter + 의문사(what, who, where, how 등)는 양보절을 이끄는 일종의 접속사로 「…하더라도」라는 의미를 나타낸다 (= whatever, whoever, wherever, however 등). "no matter"의 본래 의미는 「…은 문제가 아니다」이다. 그 뒤에 may가 올 때와 오지 않을 때가 있다.

- He thought he must go, *no matter what* the consequence.
그는 결과가 **어떻든**, 가지 않으면 안 된다고 생각했다.
(문장 끝에 might be가 생략되어 있다. no matter what = whatever)

- *No matter where* you go, you will find churches.
어디에 가더**라도** 너는 교회를 보게 될 것이다.
(No matter where = Wherever   go = may go)

- *No matter how* poor a man may be, you should not despise him.
아무리 가난한 사람이**라 해도**, 멸시해서는 안 된다.

 중요 어구를 포함한 문장 57

57 not always ...
반드시 …은 아니다

Honesty does not always pay.

[해석] 정직이 반드시 보상받는 것은 아니다.

[어구] pay : 수지 맞다, 일한 보람이 있다

[설명]
"not always ..."는 이른바 부분부정으로 「반드시 …은 아니다」라는 의미이다 (문형 3 참조). 유사구에 "not necessarily ...(반드시 …은 아니다)" "not entirely ...(전혀 …은 아니다)" "not wholly ...(전적으로 …은 아니다)" "not altogether ...(전혀 …은 아니다)" 등이 있다. not과 다음 부사가 떨어져 있는 경우에는 특히 주의할 필요가 있다. 이 유사구들은 부분부정의 형식을 취하고 있지만 그것은 단순히 완곡한 표현일 뿐, 실질적으로는 완전부정의 의미를 포함하고 있을 때가 많다.

- A man who has read many books is thought to understand everything; but it is *not always* so.
  책을 많이 읽은 사람은 모든 일을 이해하고 있다고 생각되지만, **반드시 그렇지는 않다**.

- I am very rich, it is true, but to confess the truth, I am *not altogether* happy.
  나는 대부호이지만, 사실대로 말하자면, **반드시 행복하지는 않다**.

- We are *not quite* sure whether he will succeed in doing it.
  그가 용케 그것을 해낼지 어떨지 **그다지 분명하지는 않다**.

58 not ... at all
조금도 …하지 않다

We don't like it at all.

해석 우리들은 그것을 조금도 좋아하지 않는다.

설명

1. "not ... at all"은 「조금도 …하지 않다」 「전혀 …아니다」라는 의미로 강한 부정을 나타낸다.

   • She was *not at all* interested in politics.
   그녀는 정치에는 **전연** 흥미가 **없었다**.
   (not at all = by no means)

2. "not at all"은 "Thank you."에 대한 답으로도 사용된다. 즉 「천만의 말씀(입니다)」라는 의미이다.

   • Many thanks, Mr. Lee. — *Not at all*.
   이 선생님, 대단히 감사합니다. — **천만의 말씀입니다**.
   (Not at all. = Don't mention it.; You are welcome.)

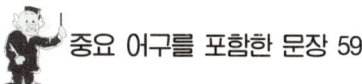

중요 어구를 포함한 문장 59

59 not ... because ~
~이기 때문에 ···은 아니다

> You should **not** despise a foreigner
> **because** he does something against etiquette.

해석 외국인이 뭔가 예의에 벗어난 일을 **했다고 해서** 경멸**해서는 안 된다**.

설명 "not ... because ~"는 종종 「~이라고 해서 ···인 것은 아니다」라는 의미로 사용된다. not ...과 because ~의 순서가 거꾸로 될 때도 있다. 이것을 「···은 아니다, 왜냐하면 ~」으로 해석하면 안 된다.

- You should *not* give up a plan *because* it is a little difficult.
  조금 어렵**다고 해서** 계획을 포기**하면 안 된다**.

- *Because* you met some unkind people in this country, you ought *not* to conclude that all the people are unkind.
  이 나라에서 몇 사람의 불친절한 사람을 만났**다고 해서** 국민 전체가 불친절하다고 결론을 내려서**는 안 된다**.

- A man is *not* always well-informed *because* he has a large library.
  많은 책을 가지고 있**다고 해서** 박식하다고 할 수**는 없다**.

중요 어구를 포함한 문장 60

60 not because ... but because ~
…때문이 아니라 ~때문에

> He studied history **not because** he was forced to study it **but because** he liked it.

[해석] 그는 역사를 공부할 것을 강요당했기 **때문이 아니라** 좋아했기 **때문에** 공부하였다.

[설명]

1. "not because A but because B"는 「A 때문이 아니라 B 때문에」라는 의미로, 문형 61 "not ... but"의 특수한 경우이다. "do (or is) not because A but because B"라는 형식을 취할 수도 있다.

   - I respect him *not because* he is learned *but because* he is sincere.
     나는 그를 박식하기 **때문이 아니라** 성실하기 **때문에** 존경한다.
     (= I *do not* respect him *because* he is learned *but because* ...
     learned[lə́ːrnid] = 학식이 있는)

   - A mountain is valuable *not because* it is high *but because* it has trees.
     산은 높기 **때문이 아니라** 나무를 가지고 있기 **때문에** 가치가 있는 것이다.
     (= A mountain is *not* valuable *because* ...)

   - It was *not because* he was idle *but because* he frequently told lies that they all despised him.
     모두가 그를 경멸한 것은 그가 게으름뱅이기 **때문이 아니라** 자주 거짓말을 했기 **때문이다**.
     (It was ... that은 앞서 설명한 강조구문)

2. "because B, and not because A"도 같은 의미이다.

- They bought the book only *because* the price was cheap, *and not because* they thought it was useful.
그들이 그 책을 산 것은 가격이 싸기 **때문이지** 그것이 유익하다고 생각했기 **때문은 아니다**.

Test Yourself!

다음을 우리말로 옮기세요.

1. No matter what foreign language you may choose, you cannot master it in a month or two.
2. That one does eventually get used to such things does not necessarily mean a deadening of the sensibility.
   hint eventually : in the end   처음의 does는 강조어
3. I did not know at all what he was going to do.
4. You ought not to choose a profession merely because it seems to pay.
5. You should never suppose a person is intelligent because other people say he is intelligent but because you really believe he is so.

Answer

1. 어떤 외국어를 선택한다 하더라도 그것을 한 달이나 두 달에 숙달할 수는 없다.
2. 사람이 결국 그런 일들에 익숙해진다는 것이 반드시 감수성이 둔화된다는 것을 의미하지는 않는다.
3. 그가 무엇을 하려고 하는지 나는 전연 알 수가 없었다.
4. 수지가 맞을 것 같다는 이유만으로 직업을 선택해서는 안 된다.
5. 다른 사람들이 그가 머리가 좋다는 말을 해서가 아니라 네가 정말로 그렇게 믿지 않으면, 그 사람이 머리가 좋다고 생각해서는 절대 안 된다.

중요 어구를 포함한 문장 61

 **not ... but ~**

…이 아니라 ~이다

> This umbrella is **not** yours, **but** mine.

해석 이 우산은 네 것**이 아니라** 내 것**이다**.

설명

1. "not ... but ~"은 「…이 아니라 ~이다」라는 의미이다. 이 경우 but을 「그러나」로 번역하면 안 된다.

    • He is *not* a scholar *but* a journalist.
      그는 학자**가 아니라** 언론인**이다**.

    • We did *not* stay at home *but* went out for a walk.
      우리들은 집에 있**지 않고** 산책하러 밖으로 나갔**다**.

   이 경우 주어가 전후 동일하다는 것에 주의해야 한다. 주어가 다르면 but은 「그러나」라는 의미가 된다.

    • *I* did *not* stay at home, *but he* did not ask the reason.
      나는 집에 **없었다**. 그러나 그는 그 이유를 묻지 않았다.

2. 긍정문 + and not의 형식으로 위와 같은 의미를 나타낼 수 있다. and는 생략될 때도 있다.

    • He is a good swimmer, *and not* a good runner.
      그는 수영은 잘 하**지만**, 달리는 것은 서툴**다**.
      (= He is *not* a good runner *but* a good swimmer.)

    • Patience, *not* talent, is what he needs.
      재주**가 아니고**, 인내력이 그에게 필요**한 것이다**.

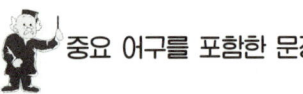

62 not less ... than ~
~에 못지않게 …

He is **not less** clever **than** his brother.

[해석] 그는 형 못지않게 똑똑하다.

[설명]

"not less ... than ~"은 「~ 못지않게 …」「~와 마찬가지로 …」라는 의미를 나타낸다.

- Sleep is *not less* necessary *than* food to our health.
  잠은 우리의 건강에 음식 못지않게 필요하다.
- She is *not less* beautiful *than* her mother.
  그녀는 어머니 못지않은 미인이다.
- He was *not less* sagacious *than* his father.
  그는 부친 못지않게 총명하다. (문형 52, 53 참조)

 중요 어구를 포함한 문장 63

 not only ... but (also) ~
…뿐만 아니라 (또한) ~도

He is not only a novelist but (also) a poet.

[해석] 그는 소설가일 **뿐만 아니라 또한** 시인이기도 **하다**.

[설명]

"not only ... but (also) ~"은 「…뿐만 아니라 (또한) ~도」라는 의미를 나타낸다. only 대신에 merely를 사용할 수도 있다.
"as well as"를 사용하여 같은 의미를 나타낼 수가 있으나, 양자의 어순은 다르다. 즉

not only A but B = B as well as A

He is *not only* a novelist *but* a poet.
= He is a poet *as well as* a novelist.

- His name is well known *not only* in the United States *but* all over the world.
  그의 이름은 미국**뿐만 아니라** 전세계에 널리 알려져 있다.
- She is *not merely* beautiful *but* kind and tender.
  그녀는 아름다울 **뿐만 아니라** 친절하며 상냥하다.
- Travel *not only* educates *but* broadens one's mind.
  여행은 사람의 마음을 교육할 **뿐만 아니라** 넓혀준다.

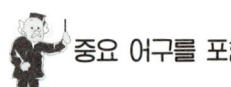 중요 어구를 포함한 문장 64

64 not so much ... as ~
…라기보다는 오히려 ~

> He is **not so much** a scholar **as** a teacher.

해석 그는 학자라기보다는 오히려 교사이다.

설명

1. "not so much ... as ~"는 「…라기보다는 오히려 ~」라는 의미를 나타낸다. "not ... so much as ~"라는 형식이 될 때도 있다. 또한 "~ rather than ..."으로 표현할 수도 있다. (어순에 주의)

   He is *not so much* a scholar *as* a teacher.
   = He is *not* a scholar *so much as* a teacher.
   = He is a teacher *rather than* a scholar.

   • He went to bed *not so much* to sleep *as* to think.
   그는 잠자기 위해서**라기보다는 오히려** 생각하기 위해서 침대로 갔다.

   • It is *not* his illness that ruined him *so much as* his idleness.
   그를 망친 것은 병이**라기보다는 오히려** 그의 태만이다.

2. "not so much as ..."는 「…조차 않다」라는 의미이다. (= not even)

   • She did *not so much as* cast a glance at it.
   그녀는 그것을 힐끗 보기**조차** 하지 **않았다**.

   • He can*not so much as* write his own name.
   그는 자기의 이름**조차** 쓰지 **못한다**.

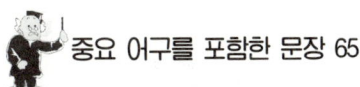

중요 어구를 포함한 문장 65

65 not that ... but that ~
…하다는 게 아니라 ~하다는 것이다

Not that I know much, **but that** you know too little.

[해석] 내가 많이 안다는 게 아니라, 네가 너무 모르는 것이다.

[설명]
"not that ... but that ~"는 「…하다는 게 아니라 ~하다는 것이다」라는 의미를 나타낸다 (= It is not because ... but because ~). but that의 that은 생략될 수도 있다.

　　Not that I know much, *but that* you know too little.
　= It is not because I know much, but because you know too little.

- *Not that* I don't like to go with you, *but that* I have something to do.
  내가 너와 함께 가기가 싫**다는 게 아니라**, 할 일이 있**다는 것이다**.

- It's *not that* I care for money to keep as money, *but* I do care so much for what it will buy.
  나는 보관하기 위해서 돈에 관심이 있는 것**이 아니라**, 물건을 살 수 있기 때문에 관심이 **있다**.

- *Not that* I loved Caesar less, *but that* I loved Rome more.
  시저를 덜 사랑**했기 때문이 아니라**, 로마를 더 사랑**했기 때문이다**.

Test Yourself!

다음을 우리말로 옮기세요.

1. The question of today is not "Is this a natural right?" but rather "Will the exercise of this right aid society?"
   hint natural right : 사람으로서의 당연한 권리(타고난 권리)
   exercise : 행사   aid : help

2. I remember not so much what she said as the tone in which she spoke.

3. Birds are naturally the most joyous creatures in the world. Not that when you see or hear them they always give you pleasure, but that they feel joy more than any other animal.

4. The man who owns land and cherishes it and works it well is the source of our stability, not only in the economic but the social sense as well.
   hint stability : 안정   as well : so

5. Not only does the student distrust the authority of the older generation. He also knows that he and his generation are looked down by the prewar generation as unreliable.

6. The end of study is not to possess knowledge as a man possesses the coins in his purse, but to make knowledge a part of ourselves.
   hint coins : 경화, 돈(화폐)

Answer

1. 오늘날의 문제는 "이것은 타고난 권리인가?"가 아니라, 오히려 "이 권리의 행사가 사회에 도움이 되는가?"이다.

2. 나는 그녀가 했던 말보다도 오히려 그녀가 이야기했던 어조를 기억한다.

3. 새는 본래 이 세상에서 가장 즐거운 생물이다. 그것은 당신이 새를 보거나 새가 노래하는 것을 들었을 때 새가 항상 당신에게 기쁨을 주기 때문이 아니라, 새가 다른 어떤 동물보다도 더 기쁨을 느끼기 때문이다.

4. 토지를 소유하고 그것을 소중히 여겨 잘 경영하는 사람은 경제적인 의미에서뿐만 아니라 사회적인 의미에서도 우리의 안정의 원천이다.

5. 학생은 구세대의 권위를 믿지 않는 것만이 아니다. 그는 또한 그와 그의 세대가 전쟁 전의 사람들로부터 신뢰할 수 없는 자로서 경멸당하고 있는 것을 잘 알고 있다.

6. 연구의 목적은 사람이 지갑에 돈을 가지고 있는 것처럼 지식을 소유하는 것이 아니라, 지식을 자기 자신의 일부분으로 만드는 데 있다.

중요 어구를 포함한 문장 66

66 not ... the less for ~

~에도 불구하고 (역시) …

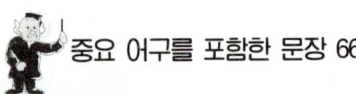

I do **not** love him **the less for** his faults.

해석   나는 그의 결점에도 불구하고 역시 그를 사랑한다.

설명

1. "not ... the less for ~"는 「~ 때문에, 보다 적게 …하는 것은 아니다」 즉 「~임에도 불구하고(~이지만) …한다」라는 의미이다. for ~ 대신에 because ~를 사용할 수도 있다 (because 뒤에는 절이 온다). (문형 4 참조)

   I do ***not*** love him ***the less for*** his faults.
   = I do ***not*** love him ***the less because*** he has faults.

   • They did *not* respect him *the less for* his poverty.
     그들은 그가 가난했음에**도 불구하고** 존경하였다.

   • She did *not* suffer *the less because* she had plenty of money.
     그녀는 많은 돈을 가지고 **있었지만, 그래도** 괴롭기는 매한가지였다.

2. 또한 같은 의미로서 "none the less" 혹은 "nevertheless"도 사용된다.

   She did ***not*** suffer ***the less because*** she had plenty of money.
   = She had plenty of money, but $\begin{bmatrix} \text{none the less} \\ \text{nevertheless} \end{bmatrix}$ she suffered.

   • The task may be difficult, but *none the less* (or *nevertheless*) it must be done.
     그 임무는 어려울지도 모르지만, **그럼에도 불구하고** 수행되어야 한다.

중요 어구를 포함한 문장 67

67 not ... until ~
~해서야 비로소 ...

You do not understand a man until you have seen him.

[해석] 사람은 만나야 비로소 이해할 수 있다.

[설명]
위의 문장을 문자대로 번역하면, 「당신은 사람을 만날 때까지 그 사람을 알 수 없다」가 된다. 때로는 문자대로 번역하여도 좋을 경우가 있지만, 「~해서야 비로소 …하다」로 번역하는 편이 우리말답다. "until" 대신에 "till"을 사용할 수도 있다.

- *No* one knows the value of health *until* he loses it.
  건강의 가치는 건강을 잃고서야 비로소 알 수 있다.
- *Not until* I have passed the examination, shall I be able to go out to parties.
  시험에 합격해야 비로소 나는 파티에 나갈 수 있을 것이다.

중요 어구를 포함한 문장 68

nothing but ...
...에 불과한

> He is **nothing but** an idler.

해석 그는 게으름뱅이에 불과하다.

설명 위 문장을 문자대로 번역하면 「그는 게으름뱅이 이외에 아무것도 아니다」가 된다. but = except (…이외에). (문형 6 참조)

〈비교〉 He is *anything but* an idler.
= He is *not* an idler *at all*.
그는 결코 게으름뱅이가 아니다.

- He is *nothing but* a student.
  그는 학생에 **불과하다**.
- The war brought us *nothing but* misery.
  전쟁은 우리들에게 **다만** 불행을 가져다 주었을 **뿐**이다.
- She does *nothing but* grumble about her daughter.
  그녀는 자기 딸에 대해서 불평**만** 한다.

 중요 어구를 포함한 문장 69

69 nothing is so ... as ~
~만큼 ...한 것은 없다

Nothing is so important **as** friendship.

[해석] 우정만큼 중요한 것은 없다.

[설명]

1. "nothing is so ... as ~"는 「~만큼 ...한 것은 없다」라는 의미를 나타낸다. nothing 대신에 no+(대)명사 혹은 no other+(대)명사도 사용된다.

    - *Nothing is so* precious *as* time, yet nothing is less valued.
      시간만큼 귀중한 것은 없지만, 시간만큼 중요시되지 않은 것도 없다.
    - *No other* land animal *is so* large *as* the elephant.
      육상 동물 중에서 코끼리만큼 큰 것은 없다.
    - There *is nothing* so important *as* honesty for young people.
      젊은이들에게 정직만큼 중요한 것은 없다.

2. "nothing is more ... than"도 같은 의미로 사용된다.

    - *Nothing is more* beautiful *than* a diamond.
      다이아몬드만큼 아름다운 것은 없다.
      (=*Nothing is so* beautiful *as* a diamond.)
    - There *is nothing* I want *more than* that you should be happy.
      네가 행복하게 되는 것만큼 내가 바라는 것은 없다.

중요 어구를 포함한 문장 70

70 now that ...
이제 ...하므로

Now that we have much money, we can live in comfort.

[해석] 이제 우리들은 많은 돈이 생겼<u>으므로</u>, 편안하게 살 수 있다.

[설명]

1. "now that ..."은 「이제 ...하므로」「이제 ...한 이상」이라는 의미로서 이유를 표시하는 일종의 접속사이다. that을 생략할 수도 있다.

   - *Now (that)* we have got liberty, we can do anything we like.
     이제 자유를 획득한 **이상** 우리들은 무엇이든지 우리가 좋아하는 것을 할 수 있다.

   - *Now (that)* you are a man, you must not do such a thing.
     이제 너도 어른인 **이상** 그런 일을 해서는 안 된다.

2. since나 seeing (that)도 now (that)와 거의 같은 의미이다. 단, now (that)에는 now라는 의미가 포함되어 있다.

   - *Since* we have no money, we can't buy it.
     돈이 없**기 때문에** 우리들은 그것을 살 수 없다.

   - *Seeing (that)* you have done it in spite of our advice, you must take the consequences.
     우리들의 충고에도 불구하고 네가 그것을 **한 이상** 그 결과의 책임은 네가 지지 않으면 안 된다.

Test Yourself!

다음을 우리말로 옮기세요.

1. Great social changes are beyond their control, but affect their conduct and outlook none the less.
   hint outlook : 견해

2. He is always chin-deep in debt. None the less he is always jolly.
   hint chin-deep : 턱까지 잠긴   jolly : 즐거운, 명랑한

3. Health is a priceless treasure, but its value is rarely appreciated until it is lost.

4. It is not until years have passed that one begins to be able to form a dim idea of what one has looked like to one's friends.
   hint dim : 흐린, 모호한

5. Animals are governed by nothing but their instinct and have a very little, or hardly any, perception of past or future.
   hint instinct : 본능   perception : 인지, 지각력

6. Nothing is more common in Korea than to be asked, "How do you like our country?"
   hint How do you like ...? : …은 어떻습니까(좋으세요, 싫으세요)?

7. Now that we are at last gathered together, I desire to lay before you for your consideration an important family matter.

Answer

1. 커다란 사회적 변동은 그들이 어쩔 수 없는 일이지만, 그럼에도 불구하고 그들의 행동이나 견해에 영향을 미치는 것이다.

2. 그는 항상 빚이 턱까지 차 있다. 그럼에도 불구하고 항상 명랑하다.

3. 건강은 값을 평가할 수 없는 보물이지만, 그 가치는 건강을 잃을 때까지는 좀처럼 깨닫지 못한다.

4. 사람은 몇 년이 지나서야 비로소 자기가 친구들에게 어떠한 모습으로 비쳤는가 어렴풋이 짐작할 수 있게 된다.

5. 동물은 다만 본능에 의하여 지배되며, 과거나 미래에 대한 의식은 있다 해도 아주 적든가 아니면 거의 없다.

6. "한국은 어떻습니까?"라는 질문만큼 한국에서 자주 받는 질문은 없다.

7. 이제 우리들은 마침내 한자리에 모였으므로, 나는 중요한 가정 문제를 고려해 주시기를 당부합니다.

중요 어구를 포함한 문장 71

of importance
중요한

We discussed several matters of importance.

[해석] 우리들은 몇 가지 **중요한** 문제를 토의했다.

[설명]

of + 추상명사는 형용사와 같은 역할을 한다.

    several matters *of importance*
= several *important* matters

importance 앞에 형용사를 붙여서 여러 가지 정도를 나타낼 수 있다.

    of no *importance*   조금도 중요하지 않은
    of great *importance*   크게 중요한
    of international *importance*   국제적으로 중요한

of + 추상명사에는 이 밖에도 다음과 같은 것이 있다.

of use	= useful	유용한
of moment	= momentous	중요한
of value	= valuable	가치가 있는
of ability	= able	유능한
of learning	= learned	학식이 있는

- Repeated practice is *of the first importance* to students.
연습을 반복하는 것이 학생에게는 **가장 중요한** 것이다.

- This is *of no practical value* to our daily life.
이것은 우리들의 일상생활에는 **조금도 실용가치가 없다**.

- Though poor, he is a man *of immense learning*.
비록 가난하지만, 그는 **깊은 학식을** 가진 사람이다.

중요 어구를 포함한 문장 72

72 of one's own ~ing
스스로 ~한

He showed me a picture of his own painting.

해석 그는 자기가 그린 그림을 나에게 보여 주었다.

설명

1. "of one's own ~ing"는 「스스로 ~한」이라는 의미를 나타낸다. 때로는 own을 생략할 때도 있다.

    a picture *of his own painting*
    = a picture painted by himself

    • It is a profession *of his own choosing*.
    이것은 그 자신이 선택한 직업이다.

    • He fell into a snare *of his own laying*.
    그는 자기 스스로 만든 함정에 빠졌다.

2. "one's own"을 동사의 목적어 앞에 놓아 「스스로 …하다」라는 의미를 나타내는 용법도 있다.

    • He cooked *his own* meals.
    그는 자취했다.

    • He built *his own* house.
    그는 스스로 자기 집을 지었다.

중요 어구를 포함한 문장 73

73 on account of ...
…때문에

> He was absent from school **on account of** illness.

해석 그는 병 **때문에** 학교를 못갔다.

설명

"on account of ..."는 「… 때문에」라는 의미로 원인이나 이유를 나타낸다. "because of ..." "owing to ..."도 같은 의미이다.

    He was absent from school *on account of* illness.
= He was absent from school *because of* illness.
= He was absent from school *owing to* illness.

- He resigned *on account of* age.
  그는 나이 **때문에** 사직하였다.

- The store is closed today *on account of* holiday.
  그 가게는 오늘 휴일**이므로** 문을 열지 않는다.

- *Owing to* the typhoon, the train started about an hour later.
  태풍 **때문에** 열차는 약 1시간 늦게 출발했다.

- He had to leave school *because of* poverty.
  그는 가난 **때문에** 학교를 그만두지 않으면 안 되었다.

"on account of ..."(원인이나 이유를 나타내는 「…때문에」)와 "in order to ..."(목적을 나타내는 「…을 위해서」)를 혼동해서는 안 된다.

<비교> ┌ He succeeded *on account of* hard work.
           그는 열심히 노력했기 때문에 성공했다.
      └ He worked hard *in order to* succeed.
           그는 성공하기 위해서 열심히 노력했다.

 중요 어구를 포함한 문장 74

74 on ~ing
~하자마자

On hear*ing* this, he turned pale.

해석 이것을 보자마자 그는 창백해졌다.

설명

"on ~ing"는 「~하자마자」 또는 「~하자 곧」이라는 의미를 나타낸다.

　　On hear*ing* this, he turned pale.
　=*As soon as* he heard this, he turned pale.

- *On* see*ing* her daughter, she burst into tears.
  그녀는 딸을 보**자마자** 와락 울음을 터뜨렸다.

- *On* arriv*ing* in Pusan, I went straight to his house.
  부산에 도착**하자마자** 나는 곧바로 그의 집으로 갔다.

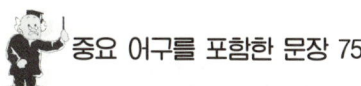
중요 어구를 포함한 문장 75

75 one more effort, and ...
조금만 더 노력하면 …

One more effort, and you will succeed.

해석 조금만 더 노력하면, 너는 성공할 것이다.

설명
명사+and가 종속절과 같은 역할을 하는 것이 있다.
즉 명사+and = 접속사(if, when, after 등)+주어+동사.

One more effort, and you will succeed.
= Make one more effort, and you will succeed.
= If you make one more effort, you will succeed.

- *One more whistle, and* the train started.
  한 번 더 기적이 울리자 열차는 출발했다.
  (= When one more whistle blew, the train started.)

- *A few weeks, and* I'll pay for it.
  2, 3주 지나면 내가 그것을 지불하겠습니다.
  [= After a few weeks (have passed), I'll pay for it.]

Test Yourself!

다음을 우리말로 옮기세요.

1. Plato did not share the view that the family is of paramount importance to society, and, in particular, to education.
   hint in particular : 특히

2. Many people's troubles are of their own devising.

3. One must reap the harvest of one's own sowing.

4. Upon landing in London, he was struck with the curious sight.
   hint be struck with ... : …에 감명받다, …에 끌리다

5. One more such loss, and we shall be ruined.

6. On account of the terrible weapons no one could start war today without risking self-destruction.

7. I remember that on first venturing out by myself a little distance from home I got lost.

Answer

1. 플라톤은 가정은 사회에 있어서, 특히 교육에 있어서 가장 중요한 것이라는 견해에 공감하지 않았다.
2. 많은 사람들의 고생은 자초한 것이다.
3. 사람은 자신이 뿌린 씨를 거둬들이지 않으면 안 된다.
4. 런던에 상륙하자마자 그는 기묘한 광경에 매혹되었다.
5. 한 번 더 이같은 손실을 입게 되면 우리는 파멸할 것이다.
6. 그 가공할 무기 때문에 오늘날 누구라도 자멸의 위험을 무릅쓰지 않고서는 전쟁을 일으킬 수 없다.
7. 나는 집에서 약간 떨어진 곳으로 처음으로 혼자서 위험을 무릅쓰고 외출하자마자 길을 잃어버렸던 일을 기억하고 있다.

중요 어구를 포함한 문장 76

76 one ... the other ~
한 쪽은 … 다른 쪽은 ~

> I keep two dogs. **One** is white, and **the other** is black.

해석 나는 개 두 마리를 기르고 있다. 한 마리는 희고, 다른 한 마리는 검다.

설명

1. "one ... the other ~"는 둘 중에서 「한 쪽은 … 다른 한 쪽은 ~」 「하나는 … 다른 하나는 ~」이라는 의미를 나타낸다. 뒤에 설명할 "the one ... the other ~"「전자는 … 후자는 ~」와 혼동하지 말 것. (문형 89 참조)

   - There are two flowers. *One* is red and *the other*, yellow.
     꽃 두 송이가 있다. **하나는** 빨간색이고, **다른 하나는** 노란색이다.
   - On *one* side there was a lake and on *the other* side a high mountain.
     한 쪽에는 호수가 있고, **다른 쪽에는** 높은 산이 있다.

2. "one ... another ~"는 「어떤 것은 … 또 다른 것은 ~」이라는 의미이다. the other가 특정한 것을 가리키는 데 비하여 another는 특정치 않은 것(=an other ...)을 가리킨다. 복수는 "some ... others ~"이다. (문형 84 참조)

   - *One* hates his enemies and *another* forgives them.
     어떤 사람은 적을 증오하고, **또 어떤 사람은** 적을 용서한다.
   - *Some* are rich, and *others* are poor.
     어떤 사람들은 부유하고, **다른 사람들은** 가난하다.

3. "one ... the others ~"는 「하나는 … 다른 것 전부는 ~」이라는 의미를 나타낸다. (the others = all the others = the rest)

- I have many pencils. *One* is red and (all) *the others*, black.
  나는 많은 연필을 가지고 있다. **한 자루는** 빨간색이고, **나머지는 전부** 검은색이다.

 중요 어구를 포함한 문장 77

77 ... one thing ~ another
…과 ~은 별개다

To know is **one thing**, and to teach is quite **another**.

해석 아는 것과 가르치는 것은 전혀 별개다.

설명
"... one thing ~ another"는 두 개의 것이 「별개」임을 나타낸다. 우리말로 옮길 때에는 두 개를 결부시켜 번역한다.

- It is *one thing* to be rich, and it is *another* to be happy.
  돈이 있다는 것과 행복하다는 것과는 **별개다**.
- It is *one thing* to have lots of books; It is quite *another* to read them.
  책을 많이 가지고 있는 것과 그것을 읽는 것은 **별개의 것이다**.

중요 어구를 포함한 문장 78

78 one who (those who) ...
...하는 사람

One who works hard will succeed in the end.

해석 열심히 일하는 사람은 결국 성공한다.

설명

1. "one who ..."는 "anyone who ..."라는 의미로 일반적으로 사람을 나타낸다. "those who ..."는 복수형으로 같은 의미이다.

   • *One who* loves one's neighbors loves one's own country.
   이웃을 사랑**하는 사람은** 나라도 사랑한다.

   • *Those who* are rich are not always happy.
   부자가 반드시 행복하다고는 할 수 없다.

   • Heaven helps *those who* help themselves.
   하늘은 스스로 돕는 **자를** 돕는다.

2. 고어체에서는 "one who ...", "those who ..." 대신에 "he who ..." "they who ..."를 사용하는 경우도 있다.

   • *He who* is born a fool is never cured.
   바보로 태어**난 자는** 치유될 수 없다.

   • *They who* sow will reap.
   씨를 뿌린 **사람이** 거두어 들인다.

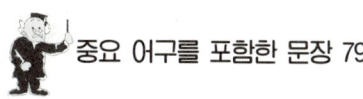

중요 어구를 포함한 문장 79

79 only too ...
기꺼이 …

I am *only too* glad to do so.

해석 나는 기꺼이 그렇게 하겠습니다.

설명

1. "only too ..."와 "but too ..."는 「기꺼이」「매우」「더할 나위없이」라는 의미를 나타낸다 (=very, exceedingly). 일반적으로 형용사(glad, happy 등) + to부정사의 형태가 이어진다.

    • I shall be *only too* pleased to come.
      나는 **매우** 기쁜 마음으로 참석하겠습니다.

    • I was *only too* thankful to accept their offer.
      나는 **더할 나위 없이** 감사한 마음으로 그들의 제안을 받아들였다.

2. only (or but) too + 부사 (또는 형용사)는 「유감이지만」이라는 의미를 나타내는 수도 있다.

    • The rumor proved *only too* true.
      그 소문은 **유감이지만** 사실이었다.

    • His death came *only too* soon.
      그의 죽음은 **슬프게도** 너무 일렀다.

중요 어구를 포함한 문장 80

 **rob ... of ~**
…의 ~을 빼앗다

He **robbed** me **of** my purse.

해석 그는 내 지갑을 **빼앗았다.**

설명

1. 위의 문장은 「그가 나로부터 지갑을 빼앗았다」라는 의미인데, "rob ~ from ..."이 아니고 "rob ... of ~"라는 형식이다. 즉

   rob + 사람 + of + 물건

   He robbed my purse. ············· (×)
   He robbed my purse from me. ············· (×)
   He robbed me of my purse. ············· (○)
   He stole my purse from me. ············· (○)

   또한 이 형식은 수동형에도 사용된다.

   I *was robbed of* my purse.
   나는 지갑을 **빼앗겼다.**

2. 이와 유사하게 "deprive ... of ~"「빼앗다」, "strip ... of ~"「벗기다, 빼앗다」, "clear ... of ~"「제거하다」, "cure ... of ~"「치유하다」 등이 있다.

   - The war *deprived* her *of* her son.
     전쟁이 그녀의 아들을 **빼앗았다.**

   - He *stripped* the tree *of* the bark.
     그는 그 나무의 껍질을 **벗겼다.**

   - The boys *cleared* the road *of* snow.
     소년들은 도로의 눈을 **치웠다.**

   - The road *was cleared of* snow by the boys.
     그 도로는 소년들에 의하여 눈이 **치워졌다.** (수동형)

Test Yourself!

다음을 우리말로 옮기세요.

1. He has three sisters ; one is in Seoul and the others are in Taegu.
2. Knowing is one thing and doing is quite another.
3. It is one thing to own a library ; it is another to use it wisely.
4. One who does not know a foreign language, does not know one's own.
5. It is only too true that they can't be relied upon.
6. I was like an animal deprived of his familiar surroundings.
   hint surroundings : 환경

Answer

1. 그에게는 누이동생이 세 명 있다. 한 명은 서울에 있고, 다른 두 명은 대구에 있다.
2. 안다는 것과 행한다는 것은 완전히 별개의 것이다.
3. 장서를 가지고 있는 것과 그것을 현명하게 이용하는 것은 별개의 문제이다.
4. 외국어를 모르는 사람은 자기 나라 말도 모른다.
5. 그들을 신뢰할 수 없는 것은 유감스럽게도 사실이다.
6. 나는 마치 익숙한 환경을 빼앗긴 짐승과도 같았다.

 중요 어구를 포함한 문장 81

81 seem to have been ...
...이었던 것 같다

> He **seems to have been** very poor.

해석 그는 매우 가난했던 것 같다.

설명

1. seem 다음에 단순부정사가 올 때와, 완료형 부정사(to have been)가 올 때 두 가지로 나눌 수 있다. 먼저 단순부정사일 경우에는 술어동사가 나타내는 때와 같은 때를 나타낸다.

    He *seems to be* very poor. (seems와 be는 모두 현재형)
    = It *seems* that he *is* very poor.
    그는 매우 가난한 것 같다.

    He *seemed to be* very poor. (seemed와 be는 모두 과거형)
    = It *seemed* that he *was* very poor.
    그는 매우 가난했던 것 같았다.

    완료부정사일 경우에는 술어동사가 나타내는 때보다 이전의 때를 나타낸다. (문형 159 참조)

    He *seems to have been* very poor.
    = It *seems* that he *was* (or *has been*) very poor.
    그는 무척 가난했던(가난하게 살아온) 것 같다.

    He *seemed to have been* very poor.
    = It *seemed* that he *had been* very poor.
    그는 무척 가난했었던 것 같았다.

    appear, be said, be thought 등의 다음에 오는 부정사도 마찬가지이다.

- She *seems to have been* a teacher.
  그녀는 선생님**이었던 것 같다**.
  (= It *seems* that she *was* (or *has been*) a teacher.)
- He *is said to have been* a millionaire.
  그는 전에는 백만장자**였다고 한다**.
  (=It *is said* that he *was* (or *has been*) a millionaire.)
- They *were believed to have been* robbers.
  그들은 원래는 도둑**이었었다고 믿어지고 있었다**.
  (=It *was believed* that they *had been* robbers.)

2. hoped, wished, expected, intended, wanted 등 「희망」「기대」「의도」 등을 나타내는 동사의 과거형에 완료형 부정사가 올 때에는 희망이나 의도가 실현되지 않았음을 나타낸다.

- He *hoped to have succeeded*.
  그는 **성공하기를 바랬지만, 이루지 못했다**.
- I *wished to have come*.
  나는 **오고 싶었지만, 오지 못했다**.
- I *was to have gone* with her.
  나는 그녀와 함께 **갈 예정이었는데, 갈 수 없었다**.

중요 어구를 포함한 문장 82

82 so as to ...
…하기 위해서

He started early so as to get there before dark.

[해석] 그는 어둡기 전에 그곳에 도착하기 위해서 일찍 출발했다.

[설명]

1. "so as to ..."는 「…하기 위해서」라는 목적의 의미를 나타낸다. "to ..."만의 경우보다 목적의 의미가 더 뚜렷하다.
"in order to ..." "so that ~ may ..."로 바꿔서 표현할 수도 있다.

   He started early *so as to* get there before dark.
   = He started early *in order to* get there before dark.
   = He started early *so that* he *might* get there before dark.

   • He hurried *so as to* be in time for the train.
   그는 열차 시간에 **대기 위해** 서둘렀다.

   • He worked hard *so as* not *to* fail again in the examination.
   그는 두 번 다시 시험에 떨어지지 않**기 위해** 열심히 공부했다.

2. so + 형용사 또는 부사 + as to ...는 일반적으로 「~이므로 …하다」라는 결과의 의미를 나타낸다.

   • I got up *so* early *as to* be in time for the train.
   나는 일찍 일어났**으므로** 열차 시간에 대었다.
   (= I got up early *so that* I was in time for the train.)

   • He is *so* young *as to* look like a child.
   그는 젊어**서** 어린이처럼 보인다.

 중요 어구를 포함한 문장 83

83 so far as ...
…하는 한(에서는)

So far as I know, he is a reliable man.

 내가 알고 있는 **한에서는**, 그는 신뢰할 수 있는 사람이다.

설명

1. "so far as ..."는 「…하는 한에서는」이라는 「조건」「범위」「한계」 등을 나타낸다. "as far as ..."라고 할 수도 있다.

    - *So far as* I could see, they were all satisfied.
      내가 보는 **한에서는**, 그들은 모두 만족하였다.

    - *So far as* grammar is concerned, the sentence is correct.
      문법에 관한 **한에서는**, 그 문장은 옳다.

    - *As far as* I am concerned, I don't like to go on a hike.
      나에 관한 **한**, 도보여행은 하고 싶지 않다.

2. "so far as ..."에 부정사가 붙으면 「…하기까지 하다」라는 의미를 나타낸다.

    - He went *so far as to* call me a rascal.
      그는 나를 악당이라고 부르**기까지 했다**.

3. "as far as ..."는 「…까지」라는 거리를 나타내는 데도 쓰인다.

    - We went *as far as* the church.
      우리들은 교회**까지** 갔다.

 중요 어구를 포함한 문장 84

 **some ... others ~**
...도 있으며 ~도 있다

Some boys are diligent, **others** are idle.

해 석 근면한 소년도 있으며, 태만한 소년도 있다.

설 명

1. "some ... others ~"는 「어떤 것은 ... 어떤 것은 ~」「...도 있고 ~도 있다」라는 의미를 나타낸다.

    • *Some* went to the seaside, and *others* went to the mountains.
    어떤 사람은 바다로 갔고, **어떤 사람은** 산으로 갔다.

    • *Some* say yes, and *others*, no.
    "예"라고 하는 **사람도 있고**, "아니오"라고 하는 **사람도 있다**.

2. "some ... the others ~"는 「어떤 것은 ... 다른 모든 것은 ~」이라는 의미를 나타낸다. the others ~는 나머지 전부를 가리킨다. (=all the others ; the rest)

    • *Some* of the houses belong to uncle, and *the others* to my father.
    몇 채의 집은 아저씨의 것이고, **나머지 집 전부는** 아버지의 것이다.

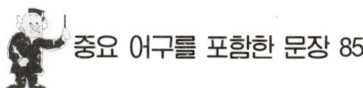

 **so (such) ... that ~**

몹시 …해서 ~하다

He got **so** angry **that** he couldn't speak.

해 석 그는 **몹시** 화가 나서 말을 할 수가 없었다.

설 명

1. so + 형용사(또는 부사) + that ~은 「몹시 …해서 ~하다」라는 의미를 나타낸다.

    • It is *so* easy *that* even a baby can learn it.
      그것은 **아주** 쉬워서 갓난아기마저도 배울 수 있다.

    • They were *so* tired *that* they went to bed at once.
      그들은 **몹시** 피곤하였기 **때문에** 곧 잠자리에 들었다.

2. not so + 형용사(또는 부사) + that ~은 「~만큼 …하지 않다」라는 의미를 나타낸다. 끝에서부터 번역한다.

    • It is *not so* large *that* you can see it.
      그것은 네가 볼 수 있는 **정도로** 크지 **않다**.

    • He is *not so* strong *that* you can't beat him.
      그는 네가 이길 수 없을 **정도로** 강하지 **않다**.

3. "such ... that"은 "so ... that ~"과 같은 의미를 나타내지만, such 다음에는 명사가 온다.

    • He is *such* an honest man *that* everybody puts trust in him.
      그는 **대단히** 정직한 사람이**어서** 모두가 그를 신용한다.

4. "so that ..."은 「때문에 …」라는 결과를 나타낸다. (= so ...)

- He is an honest man *so that* everybody puts trust in him.
  그는 매우 정직한 사람이기 **때문에** 모두가 그를 신용한다.

Test Yourself!

다음을 우리말로 옮기세요.

1. We seem to have come into the world which was ready-made for us, which works perfectly in every detail and requires no effort on our part.

2. Everyone speaks of the nineteenth century as an epoch of rapid change, so rapid as to be without parallel.
   hint without parallel : 유례가 없는

3. The education of any Korean born after about 1960 has been on the whole so different from the education that shaped his parents as to make him in some sense a stranger to them.
   hint the education that shaped his parents : 그의 부모가 받았던 교육

4. So far as my experience goes, there is no kind of sermon so effective as the example of a great man.

5. He was, so far as I could judge, as free from ambition in the ordinary sense of the word as any man who ever lived.
   hint free from ambition : 야심이 없는
   in the ordinary sense of the word : 일반적인 의미에서

6. Some countries have natural advantages, such as Switzerland with her scenery and her winter-sport facilities; others try to develop attractions.

7. The pangs of hunger overcame the scruples of conscience, for he was so hungry that he could have eaten the leather.
   hint scruples : 망설임, 가책

Answer

1. 우리들은 우리들을 위해서 이미 만들어져 있으며 온갖 상세한 점에 이르기까지 완벽하게 작동하여, 우리쪽에서는 아무런 노력도 필요하지 않는 세계에 태어난 것같이 보인다.

2. 누구든지 19세기는 급격한 변화, 즉 유례가 없을 정도로 급격한 변화의 시대였다고 말한다.

3. 1960년 이후에 태어난 모든 한국인이 받은 교육은 전체적으로 그 부모가 받은 교육과는 너무나 다르기 때문에, 부모에게는 그들의 아이가 어떤 의미에서는 마치 타인처럼 생각되는 것이다.

4. 내가 경험한 바로는, 위인의 예를 드는 것만큼 효과적인 설교는 없다.

5. 그는, 내가 판단할 수 있는 한에서는, 지금까지 생존한 어떤 사람보다도 일반적인 의미에서 야심을 갖고 있지 않은 사람이었다.

6. 자연적인 이점을 가지고 있는 나라, 예를 들면 자연 풍경과 겨울 스포츠 시설을 가지고 있는 스위스 같은 나라도 있고, 또한 무언가 사람을 끌어들일 만한 것을 개발하려고 노력하고 있는 나라들도 있다.

7. 배고픔의 고통은 양심의 가책을 압도하였다. 왜냐하면 그는 너무나 배가 고파서 가죽이라도 먹을 수 있을 정도였기 때문이다.

중요 어구를 포함한 문장 86

86 speaking of ...
…에 대해서 말하자면

Speaking of tennis, are you a good player?

[해석] 테니스에 대해서 말하자면, 너는 잘 하니?

[설명]

1. "speaking of ..."는 「…에 대해서 말하자면」「…으로 말하면」이라는 의미를 나타낸다. speaking 대신에 talking도 사용된다.

    - *Speaking of* scholars, I have never met such a great one as he.
      학자**로 말하면**, 나는 그 사람만큼 위대한 학자를 만난 적이 없다.
    - *Talking of* England, have you ever been there in summer?
      영국**에 대해서 말씀드리자면**, 당신은 여름철에 그곳에 가 보신 적이 있습니까?

2. 다음과 같이 **부사 + ~ing**의 형식도 있다.

    - *Strictly speaking*, this is not true.
      엄격히 말하자면, 이것은 사실이 아니다.
    - *Generally speaking*, Americans are very optimistic.
      일반적으로 말하자면, 미국인은 대단히 낙관적이다.

중요 어구를 포함한 문장 87

87 that ~ may ...
···하기 위해서

> **He works hard that he may succeed.**

[해 석] 그는 성공하기 위해서 열심히 일하고 있다.

[설 명]

1. "that ~ may ..."는 「···하기 위해서」라는 목적을 나타낸다. 과거형 문장에서는 "may"가 "might"로 된다. 또한 "so that ~ may ..." "in order that ~ may ..."라고 할 수도 있다. "may" 대신에 "can"이나 그 밖의 다른 조동사가 사용될 때도 있다.

- People work *that* they *may* earn their living.
  사람들은 생계비를 벌기 **위해서** 일한다.

- She made haste *so that* she *might* catch the train.
  그녀는 기차 시간에 대기 **위해서** 서둘렀다.

- Please speak more slowly *so that* we *can* understand you better.
  말씀을 잘 이해할 수 **있도록** 좀더 천천히 말씀해 주세요.

2. "so that ~ may not ..."은 「~이 ···하지 않도록」이라는 의미가 된다 (=lest should). (문형 45 참조)

- He works hard *so that* he *may not* fail.
  그는 실패하지 **않도록** 열심히 공부한다.
  (= He work hard *lest* he *should* fail.)

 중요 어구를 포함한 문장 88

88. the wisest man that ever lived
지금까지 유례없는 가장 현명한 사람

He is the wisest man that ever lived.

[해석] 그는 **지금까지 유례없는 가장 현명한 사람**이다.

[설명]

the wisest man that ever lived는 「지금까지 살아온 사람 중에서 가장 현명한 사람」 즉 「지금까지 유례를 찾아볼 수 없는 가장 현명한 사람」이라는 의미이다. <u>최상급</u>+that ever는 부정의 의미로 번역하는 편이 좋을 때가 많다.

- This is *the largest animal that* I *have ever seen*.
  이것은 내가 **지금까지 보았던 가장 큰 동물**이다(**이렇게 큰 동물을 본 적이 없다**).

- That was *the strangest experience that* he *had ever had*.
  그것은 그가 **지금까지 겪어보지 못했던 이상한 경험**이었다.

중요 어구를 포함한 문장 89

89 the former ... the latter ~
전자는 ... 후자는 ~

They keep horses and cattle, **the former** for riding, **the latter** for food.

[해석] 그들은 말과 소를 기르고 있다. 전자는 타기 위해서, 후자는 식용을 위해서이다.

[설명]

1. "the former ... the latter ~"는 「전자는 ... 후자는 ~」라는 의미이다.

    - I have a dog and a cat. I like *the former* better than *the latter*.
      나는 개 한 마리와 고양이 한 마리를 기르고 있다. 나는 **후자**보다 **전자**를 좋아한다.

    - Traveling by train is cheaper and more interesting than traveling by air. So most people prefer *the former* to *the latter*.
      기차 여행은 비행기 여행보다 싸고도 재미있다. 그래서 대부분의 사람은 **후자**보다 **전자**를 선호한다.

2. "the one ... the other ~"도 같은 의미를 나타낸다. "this ... that ~"은 「후자는 ... 전자는 ~」라는 의미인데 순서가 거꾸로인 점에 주의해야 한다.

    - Tom and Betty went to school, *the one* on foot and *the other* by bicycle.
      톰과 베티는 학교로 갔다. **전자**는 걸어서, **후자**는 자전거로 갔다.

    - Health is above wealth, for *this* cannot give so much happiness as *that*.
      건강은 재산보다 우위이다. **후자**(재산)는 **전자**(건강)만큼 행복을 줄 수 없기 때문이다.

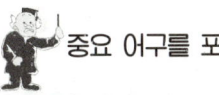 중요 어구를 포함한 문장 90

90 the last man to ...
가장 …할 것 같지 않은 사람

He is **the last man to** tell a lie.

해석 그는 가장 거짓말할 것 같지 않은 사람이다.

설명

the last man + 부정사는 「…하는 마지막 사람」, 즉 「가장 …할 것 같지 않은 사람」이라는 의미를 나타낸다. 부정사 대신 that절이 올 수도 있다.

- A journalist would be *the last person to* say that there is not any virtue in advertisement.
  저널리스트라면 광고는 전혀 효과가 없다고 **결코** 말하지 **않을** 것이다.

- We should be *the last persons* on earth to approve the belief.
  우리들은 **결코** 그 생각을 인정해서는 **안 된다**.

- She was *the last person* that I expected to see.
  그녀는 내가 만나리라고는 **전혀** 기대하**지 못했던 사람**이었다. (그녀를 만나리라고는 생각조차 못했다.)

145

Test Yourself!

다음을 우리말로 옮기세요.

1. Talking of crimes, there has never been such an atrocious one as this.
   hint atrocious[ətróuʃəs] : 잔인한

2. In one's youth one is ready to pour oneself out to the world; one feels an intense fellowship with other people, one wants to open oneself to them so that they may take one.
   hint intense : 깊은

3. The moment I arrived I was formally introduced to the most unruly dog guests had ever suffered under.
   hint was formally introduced : 정식으로 소개되었다(여기에서는 현관에서 개를 만났다는 것)   unruly : 다루기 어려운, 제멋대로 구는

4. Work and play are both necessary to health; the one gives us energy and the other gives us rest.

5. Father was the last man to take this into consideration.

6. They went so fast that she had now and again to give an undignified skip to keep up with them.
   hint give a skip : 구보로 걷다, 종종걸음을 치다

Answer

1. 범죄에 대해서 말하자면, 이처럼 잔인한 범죄는 지금까지 일어난 적이 없다.

2. 젊은 시절에는 사람은 자기의 심정을 기꺼이 세상을 향하여 토로한다. 다른 사람들에 대해서 깊은 친밀감을 느낀다. 그래서 다른 사람들이 자기를 받아 들일 수 있도록 흉금을 털어놓기를 원한다.

3. 도착하자마자 나는 일찍이 이토록 방문객을 괴롭힌 개는 없었을 만큼 사나운 개와 정통으로 마주쳤다.

4. 일과 놀이는 모두 건강에 필요하다. 전자는 우리들에게 활력을, 후자는 휴식을 준다.

5. 아버지는 이 일을 결코 고려해 보려고 하지 않을 사람이었다.

6. 그들은 너무나 빨리 걸었기 때문에, 그녀는 그들을 따라가기 위해서 이따금 품위없이 종종걸음을 치지 않을 수 없었다.

중요 어구를 포함한 문장 91

91 the moment ...
…하자마자

The moment he heard the news, he rushed out.

해석 그 소식을 듣**자마자** 그는 뛰어나갔다.

설명

1. "the moment ..."는 「…하자마자」「…한 순간에」라는 의미를 나타내며, 접속사 역할을 한다 (= as soon as). "the instant ..."도 같은 의미로 사용된다.

   • *The moment* (or *instant*) they saw me, they all ran away.
     나를 보**자마자** 그들은 모두 도망쳐 버렸다.

   • She burst into tears, *the instant* she saw her mother.
     그녀는 어머니를 보**자마자** 울음을 터뜨렸다.

2. "immediately" "directly" 등의 부사도 마찬가지로 「…하자마자」라는 의미를 나타내는 접속사로 사용된다.

   • *Immediately* he came in, they all stood up.
     그가 (방에) 들어오**자마자** 그들은 모두 일어섰다.

   • We got up *directly* it struck five.
     우리들은 5시가 **되기가 무섭게** 일어났다.

중요 어구를 포함한 문장 92

92 the more because ...
…이므로 더욱더

She loved her son all the more because he was blind.

해석 그녀는 아들이 맹인이었기 **때문에 더욱더** 사랑했다.

설명

1. "the more because ..."는 「…이므로 더욱더」라는 의미를 나타낸다. 의미를 강조할 때에는 "all the more ..." 또는 "much the more ..."를 사용한다. 또한 because 대신에 전치사 for를 쓸 수도 있다. because 뒤에는 절이, for 뒤에는 명사가 온다. (문형 4 참조)

　　She loved her son *the more because* he was blind.
　= She loved her son *the more for* his blindness.

- She liked the boy all *the more because* he was poor.
  그녀는 그 소년이 가난했**으므로 더욱더** 그를 사랑했다.

- He worked all *the harder because* he was encouraged by his father.
  그는 아버지가 격려해 주었**으므로 더욱더** 열심히 일했다.

- You seem to have become *the wiser for* that matter.
  너는 그 일 **때문에 더욱더** 약아졌던 것 같다.

2. "none the more because(*or* for) ..."는 「…해도 조금도 ~않다」라는 강한 부정을 나타낸다.

- My health is *none the better for* my exercise.
  내 건강은 운동을 **해도 조금도** 나아지지 **않는다**.

- He is *none the happier for* his wealth.
  그는 돈이 **있어도 조금도** 행복하지 **않다**.

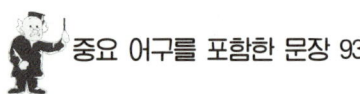

93. the more ..., the more ~
...하면 할수록 더욱더 ~

The harder you work, **the richer** you will become.

해석 열심히 일을 하면 할수록 당신은 더욱더 부유하게 된다.

설명
"the more ..., the more ~"는 「...하면 할수록 더욱더 ~」라는 의미를 나타낸다. 이 경우의 the는 관사가 아니라 일종의 부사이다.

- *The more* merciful a man is, *the nearer* to God he is.
  사람은 자비심이 깊으**면** 깊을**수록 더욱더** 신에 가까워진다.
- *The more* you know, *the easier* it is for you to acquire further knowledge.
  많은 것을 알**면** 알**수록 더욱더** 많은 지식을 얻는 것이 쉬워진다.
- *The more* liberty they had, *the better* it was for them.
  자유를 누리**면** 누릴**수록 더욱더** 그들에게는 좋은 것이었다.

중요 어구를 포함한 문장 94

94 the rich
부자들

The rich are apt to despise **the poor**.

[해석] 부자는 가난한 사람을 경멸하는 경향이 있다.

[어구] be apt to ... : …하는 경향이 있다, …하기 쉽다

[설명]

1. 위 문장에서 "the rich"는 "rich people", "the poor"는 "poor people"의 의미이다. 일반적으로 the + 형용사(또는 분사)는 「…인 사람들」이라는 의미를 나타낸다.
대부분 복수명사가 되지만, 간혹 단수의 사람을 나타낼 때도 있다.

   - He is a tyrant to *the weak*.
     그는 **약자들**에 대해서는 폭군이다.
   - *The old* are not always wiser than *the young*.
     노인들이 **젊은이들**보다 반드시 현명하다고는 할 수 없다.
   - *The injured* were sent to the hospital.
     부상자들은 병원에 후송되었다.
   - *The accused* was acquitted.
     피고는 무죄 석방되었다. (단수)

2. 또한 the + 형용사가 추상명사를 나타내는 수가 있다.

   - He has no sense of *the beautiful* (= beauty).
     그는 **미**적 감각을 가지고 있지 않다.
   - One must bow to *the inevitable*.
     사람은 **운명**에 복종하지 않으면 안 된다.
   - All *the agreeable* of her speculation was over for that hour.
     그녀의 사색의 온갖 **유쾌함**이 그때에 사라져 버렸다.

중요 어구를 포함한 문장 95

95 the wisest man
아무리 현명한 사람일지라도

The wisest man sometimes makes errors.

[해석] 아무리 현명한 사람일지라도 때로는 실수를 한다.

[설명]
"the wisest man"은 「가장 현명한 사람」이라는 뜻이지만, 「아무리 현명한 사람일지라도」와 같이 양보의 의미를 나타내는 데도 사용된다. the wisest 앞에 "even"을 보충하여 생각해 보면 좋다.

- *The richest man* cannot buy happiness.
  아무리 부자라도 행복을 살 수는 없다.
  (= However rich a man may be, he cannot ...)

- *The best scholar* does not know everything.
  아무리 훌륭한 학자라도 무엇이든지 다 아는 것은 아니다.

- *The most learned man* in the world can not avoid death.
  세계 **제일의 학자라도** 죽음을 피할 수는 없다.

Test Yourself!

다음을 우리말로 옮기세요.

1. Her great eyes opened the moment her mother's hand touched the door.

2. She is all the more beautiful for her scar on the cheek.
   hint scar : 흉터

3. The less man knew about his world, the less subject to his control or understanding were the events which surrounded him.
   hint subject to ... : …에 복종하여

4. The longer I live, the more I am inclined to believe in forces which we do not understand.
   hint be inclined to ... : …하고 싶어하다

5. Ever since mankind invented slavery, the powerful have believed that their happiness could be achieved by any means.

6. The various elements of the universe, the real and the ideal, the natural and the supernatural, are fused by the power of his imagination into a dream.
   hint fuse ... into : 융합하여 …로 하다

7. The shortest sojourn in the country will yield the richest rewards.
   hint sojourn : 체재, 체류, 머무름   yield : 생산하다

Answer

1. 그녀는 어머니의 손이 문에 닿자마자 커다란 눈을 떴다.

2. 그녀는 뺨에 상처가 있기 때문에 더욱더 아름답다.

3. 인간이 자신의 세계에 대하여 아는 것이 적으면 적을수록, 자신을 둘러싼 일들을 통제하기도 이해하기도 어렵다.

4. 오래 살면 살수록 나는 우리들로서는 이해하기 어려운 힘을 믿고 싶어진다.

5. 인류가 노예제도를 발명한 이래, 줄곧 권력자는 자기의 행복은 어떠한 수단에 의해서도 실현될 수 있다고 믿어 왔다.

6. 우주의 갖가지 요소, 즉 현실과 이상, 자연적인 것과 초자연적인 것이 그의 상상력에 의해 융합되어 하나의 꿈이 된다.

7. 그 나라에서 짧게 머무른다 할지라도 가장 풍부한 수확을 얻게 될 것이다.

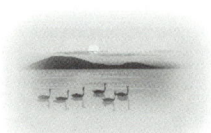

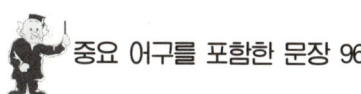

중요 어구를 포함한 문장 96

96 There is no ~ing
~할 수가 없다

There is no know**ing** what may happen in the future.

[해석] 장래에 무엇이 일어날지 알 수 없다.

[설명]
"There is no ~ing"는 「~할 수가 없다」라는 강한 부정을 나타내는 형태이다. (= It is impossible to ~)

There is no know*ing* what may happen in the future.
= *It is impossible to* know what may happen in the future.
= *No one* knows what may happen in the future.

- There is no denying the fact.
  누구도 그 사실을 부정할 수 없다.
  (= It is impossible to deny the fact.)

- There is no foretelling where India is going.
  인도가 어디로 가고 있는지 아무도 예측할 수 없다.

- There is no telling when he will come back.
  그가 언제 돌아올지 아무도 말할 수 없다.

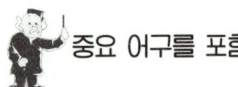

중요 어구를 포함한 문장 97

97 There is no ~ but ...
… 없는 ~은 없다

There is no rule **but** has some exceptions.

해석 예외 **없는** 규정은 **없다**.

설명

1. but은 관계대명사로 "that ... not"의 의미이다. 이와 같은 but은 선행사에 no나 기타 부정어가 포함되어 있을 때 사용된다.

   There is no rule *but* has some exceptions.
   = *There is no* rule *that* has *not* any exceptions.
   = Every rule has some exceptions.

   • *There was no* man *but* admired his bravery.
   그의 용기를 칭찬하지 **않는** 사람이 **없었다**.
   (= There was no man who did not admire his bravery.)

   • *There are few* people *but* love their own country.
   자기 나라를 사랑하지 **않는** 사람은 **거의 없다**.
   (= There are few people who do not love their own country.)

2. 또한 주절이 수사의문문(즉 반어의문문)인 경우에도 이 but이 사용된다.

   • *Who* was there *but* burst into tears at the news of his death?
   그가 죽었다는 소식을 듣고 울지 **않았던** 사람이 있었을까?

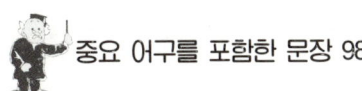
중요 어구를 포함한 문장 98

98. There is nothing for it but to ...
…하는 수밖에 다른 도리가 없다

There is nothing for it but to give up the plan.

[해석] 그 계획을 단념할 수밖에 다른 도리가 없다.

[설명]
"There is nothing for it but to ..."는 「…하는 이외에 별수가 없다」라는 의미를 나타낸다.
"but ..."은 「…이외에」 「…밖에」의 의미. (=except)

- *There is nothing for it but to* wait for the next train.
  다음 열차를 기다리는 수밖에 다른 도리가 없다.

- *There is nothing for it but to* set them free.
  그들을 석방하는 이외에 방법이 없다.

- *There was nothing for it but to* go barefooted in the rain.
  빗속을 맨발로 가는 수밖에 다른 도리가 없었다.

중요 어구를 포함한 문장 99

99 They say ...
…라고들 한다

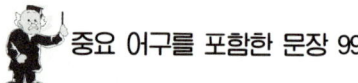

They say that he is rich.

[해석] 그는 부자라고들 한다.

[설명]

1. "They say ..."는 「…라고들 한다」「…라는 소문이다」라는 의미를 나타낸다. (they = people)
   수동형으로 하면 "It is said that ..." "He is said to ..."가 된다.

   They say that he is rich.
   = *It is said* that he is rich.
   = *He is said to* be rich.

   • *They say* that we shall have a hard winter.
   이번 겨울은 추위가 지독할 것이**라고들 한다**.

   • *They say* that he was a great scholar.
   그는 위대한 학자였다**고들 한다**.
   (= He *is said to* have been a great sholar.)

2. "I hear ..."도 같은 의미를 나타낸다.

   • *I hear* that he is going abroad next week.
   그가 내주에 해외로 간다**고 하더라**.

중요 어구를 포함한 문장 100

100 This is the reason why ...
이러한 이유로 …

This is the reason why he killed himself.

해석 이러한 이유로 그는 자살했던 것이다.

설명

1. "This is the reason why ..."는 「이것이 …하는 이유이다」「이러한 이유로 …하다」라는 의미를 나타낸다. why는 관계부사. the reason은 생략될 수도 있다. (문형 130 참조)

    - *This is (the reason) why* he failed in the business.
      이런 이유로 그는 그 사업에 실패했다.

    - *That is the reason why* he received no school education.
      그런 이유로 그는 학교 교육을 받지 않았다.

2. 유사한 문형에 "This is (the way) how ..."가 있다. 「이와 같이 …」「이리하여」「그러므로 …」라는 의미이다(=thus). 선행사 the way는 일반적으로 생략된다.

    - *This is how* the accident happened.
      이렇게 해서 사고가 일어났던 것이다.

    - *That is how* I got acquainted with him.
      그리하여 나는 그와 아는 사이가 되었다.

Test Yourself!

다음을 우리말로 옮기세요.

1. There is no accounting for tastes.
   hint account for : 설명하다

2. There was no doubting any longer that the girl was spying on me.

3. Not a day went by but brought us news of yet another calamity.
   hint calamity : 불행, 재난

4. There is no profession, however low in the opinion of the world, but has turned some great men out of it.

5. There was nothing for it but to idle away our precious time without any books.

6. They say war will break out in the near future, but I think nuclear weapons themselves make it impossible to start war so easily.

7. This is the very reason why solitude is essential to real thinking.

Answer

1. 취미를 설명하는 것은 불가능하다. (각인 각색[속담])

2. 그 소녀가 나를 염탐하고 있는 것은 더 이상 의심의 여지가 없었다.

3. 단 하루라도 또 다른 재난 소식 없이 지나간 날은 없었다.

4. 아무리 세상에서 천한 것으로 간주되는 직업일지라도, 그 중에서 몇 명의 위대한 사람을 배출하지 않은 직업은 없다.

5. 책도 없이 귀중한 시간을 헛되이 보낼 수밖에 없었다.

6. 가까운 장래에 전쟁이 일어난다고들 하지만, 나는 핵무기 자체가 그렇게 쉽게 전쟁을 시작하는 것을 불가능하게 하고 있다고 생각한다.

7. 이것이야말로 고독이 진실한 사고에 필수적이라는 이유이다.

중요 어구를 포함한 문장 101

101 ..., till at last ~
… 마침내 ~

> The skylark flew higher and higher, **till at last** it disappeared in the cloud.

해석 종달새가 점점 높이 날아 올라가 마침내 구름 속으로 사라졌다.

설명 "..., till (or until) at last ~"는 "... and at last ~"의 의미이다. 해석은 앞에서부터 한다. at last가 반드시 필요한 것은 아니고, 또 일반적으로 till 앞에 콤마(,)가 있다.

- He gambled, *till (at last)* he lost what money he had.
  그는 도박을 해서 **마침내** 가지고 있던 돈을 몽땅 잃었다.
- He drove faster and faster, *till (at last)* he ran into a truck.
  그는 점점 빠르게 차를 몰아 **결국** 트럭과 충돌했다.

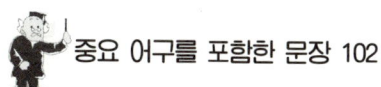
중요 어구를 포함한 문장 102

102 to one's surprise
놀랍게도

To my surprise I found him dead on the floor.

[해석] 놀랍게도 나는 그가 마루 위에서 죽어 있는 것을 발견했다.

[설명]

"to one's surprise"는 「놀랍게도」라는 의미이다. 유사한 관용어를 나열하면 다음과 같다.

to one's joy	기쁘게도
to one's sorrow	슬프게도
to one's disappointment	낙심되게도
to one's relief	한시름 놓게도
to one's satisfaction	만족스럽게도

- *To my relief*, he came to himself in a few minutes.
  한시름 놓게도 그는 잠시 후에 제정신으로 돌아왔다.

- Much *to his disappointment*, his son failed in the examination.
  너무나 **안타깝게도** 그의 아들은 시험에 떨어졌다.

- He learned, *to his sorrow*, that his father had left Boston two days before.
  슬프게도 그는 그의 아버지가 이틀 전에 보스턴을 떠나 버렸음을 알게 되었다.

중요 어구를 포함한 문장 103

103 to say nothing of ...
…은 말할 것도 없고

He can speak German, **to say nothing of** English.

해석 그는 영어는 말할 것도 없고 독일어도 말할 수 있다.

설명

1. "to say nothing of ..."는 「…는 말할 것도 없이」라는 의미를 나타낸다.

    • He has much experience, *to say nothing of* learning.
    그는 학식은 **말할 것도 없고** 경험도 풍부하다.

2. "not to speak of ..." 또는 "not to mention ..."도 같은 의미로 사용된다.

    • Her mother could not spell her own name, *not to speak of* the alphabet.
    그녀의 어머니는 알파벳은 **물론** 자기의 이름도 쓸 줄 몰랐다.

3. "not to say ...."는 「…라고(까지)는 말 못하더라도」의 의미이다.

    • He is very frugal, *not to say* stingy.
    그는 인색하다고 **할 정도는 아니지만** 대단한 절약가이다.

    • She is pretty, *not to say* beautiful.
    그녀는 아름답다**라고까지는 말 못하더라도** 예쁜 여자이다.

중요 어구를 포함한 문장 104

104 to tell the truth
사실을 말하자면

To tell the truth, I don't like him.

[해석] 사실을 말하자면, 나는 그를 좋아하지 않는다.

[설명]

1. "to tell the truth"는 「사실을 말하자면」「사실(은)」이라는 의미를 나타낸다. 문장 전체를 수식하는 독립부정사이다. "to say the truth"라고도 한다.

   • *To tell the truth*, I have no money to lend you.
   사실을 말하자면, 네게 빌려줄 돈이 없다.

   • *To say the truth*, he is not honest.
   사실, 그는 정직하지 않다.

   • *To tell the truth*, I know nothing about the matter.
   사실은, 나는 그 일에 대하여 전혀 아는 바가 없다.

2. "to be frank with you"「솔직히 말하면」, "to make a long story short"「간단하게 말하면」「한 마디로 말하면」, "to do one justice"「공평하게 말하면」 등은 모두 이 문형에 속한다. (문형 160 참조)

   • *To be frank with you*, he was a little hasty.
   솔직히 말하면, 그는 약간 성급했다.

   • *To make a long story short*, I want you to lend me some money.
   한 마디로 말해서, 나는 너에게 돈을 빌리고 싶다.

   • *To do him justice*, he did his best.
   공평하게 말해서, 그는 최선을 다했다.

중요 어구를 포함한 문장 105

105 too ... to ~
너무 …해서 ~할 수 없다

> He is **too** honest **to** do such a thing.

해석 그는 너무 정직해서 그런 일은 할 수 없다.

설명

1. "too ... to ~"는 「너무 …해서 ~할 수 없다」라는 의미를 나타낸다.
   (= so ... that — cannot ~)

   He is *too* honest *to* do such a thing.
   = He is *so* honest *that* he *cannot* do such a thing.

   - He is *too* poor *to* have his own car.
     그는 너무 가난해서 자기 차를 가질 수 없다.
     (= He is so poor that he cannot have his own car.)

   - He was *too* tired *to* walk any farther.
     그는 너무도 피곤해서 더 이상 걸을 수 없었다.

2. too ... for + 의미상의 주어 + to ~라는 형식도 있다.

   - He spoke *too* fast *for* me *to* follow him.
     너무 빨리 말해서 나는 그가 하는 말을 알아들을 수가 없었다.
     (= He spoke *so* fast *that* I *could not* follow him.)

   - This book is *too* difficult *for* you *to* read.
     이 책은 너무 어려워서 너는 읽을 수 없다.

Test Yourself!

다음을 우리말로 옮기세요.

1. They exchanged hot words and got gradually excited, till at last one of them resorted to a reckless measure.
   hint resort to ... : …에 호소하다, …에 의지하다   reckless : 무모한

2. I was just about half-way through my sixth year, when one morning at breakfast children were informed to our utter dismay that we could no longer be permitted to run absolutely wild.
   hint utter : 전적인, 완전한   dismay : 당황, 경악, 낙담

3. He raised quite large and salable crops of hay and oats to say nothing of his own vegetables and fruit.
   hint salable : 팔 수 있는   oats : 귀리

4. In the infant years of our space age, to speak generally, man's exploits in space rely upon his imagination, his sense of adventure and the mammoth cost of the space ships.
   hint space : 우주   exploits : 공적, 위업

5. I am either too self-centered or too reserved to be on confidential terms with anyone I know at all well.
   hint confidential terms : 아주 친밀한 사이

Answer

1. 그들은 격한 말을 주고받더니 점차로 흥분하여, 마침내 그들 중 한 사람은 무모한 수단을 쓰기에 이르렀다.

2. 내가 막 여섯 살 반쯤 되었던 어느 날 아침 식사 때, 어린이들은 이제 절대로 거칠게 뛰어놀아서는 안 된다는 말을 듣고 그야말로 당황했었다.

3. 그는 집에서 사용할 야채와 과일은 말할 것도 없고, 팔 수 있는 작물인 건초와 귀리도 대량 재배하고 있었다.

4. 우리 우주시대의 요람기에는 일반적으로 말해서, 우주에서의 인류의 업적은 그의 상상력, 모험심 그리고 우주선에 대한 거액의 비용 등에 의존하고 있다.

5. 나는 너무 자기 중심적이거나 너무 내성적이라서 조금이라도 잘 아는 누구와도 허물없이 지낼 수가 없다.

중요 어구를 포함한 문장 106

106 twice as large as ...
…보다 2배 크기의

> Your house is about **twice as large as** mine.

[해석] 너희 집은 우리 집보다 약 2배 크다

[설명]

1. "twice as large as ..."는 「…보다 2배나 큰」이라는 의미이다. twice를 "three times ..." "four times ..."로 하면 「3배 …」 「4배 …」가 된다. 또한 large 대신에 "deep" "wide" 등을 넣으면 각각 「2배나 깊은」 「2배나 넓은」이라는 의미가 된다. 형용사 외에 부사도 쓸 수 있다.

- China is more than *forty times as large as* Korea.
  중국은 한국보다 **40배** 이상의 **크기**이다.

- My father is just *three times as old as* my younger brother.
  아버지의 연세는 동생의 꼭 **3배**이다.

2. ... as + 형용사 + 명사 + as ~의 형식도 있다.

- Our school has *twice as many students as* yours.
  우리 학교에는 너희 학교보다 **2배나 많은 학생**이 있다.

3. 또한 ... times + 명사(또는 대명사)로도 같은 의미를 나타낼 수 있다.

- The age of my father is just *three times that* of my younger brother.
  (= My father is just *three times as old as* my younger brother.)

4. 「몇 분의 1」이라는 경우에도 같은 문형을 사용한다.

- The populatin of Seoul is *one-fourth as large as* that of Korea.
  서울의 인구는 한국 인구의 **4분의 1**이다.
  (= Seoul has one-fourth of the population of Korea.)

중요 어구를 포함한 문장 107

107 A is to B what C is to D.

A와 B의 관계는 C와 D의 관계와 같다

Air is to men what water is to fish.

[해석] 공기와 인간의 관계는 물과 물고기의 관계와 같다.

[설명]

1. "A is to B what C is to D."는 비례의 관계를 나타낸다. 즉, A : B = C : D라는 식의 관계를 나타낸다. 단, 영어 문장에서는 A와 B가 중심이고 C와 D는 비교로 내놓은 것에 불과하다.
  "what ..."은 앞에 있는 be동사의 보어이다. 즉, 위 문장은 「공기는 인간에게 물이 물고기에 대한 것과 같다」라는 의미이다. what은 관계대명사이다.

   • Reading *is to* the mind *what* exercise *is to* the body.
     독서와 정신의 관계는 운동과 신체의 관계와 같다.
   • Leaves *are to* the plant *what* lungs *are to* the animal.
     잎과 식물의 관계는 폐와 동물의 관계와 같다.

2. "what ..."이 문장 앞에 나올 때도 있다.

   • *What* lungs *are to* the animal, leaves *are to* the plant.
     (위의 두 번째 예문과 같은 의미)

3. "As C is to D, so A is to B (*or* so is A to B)."라는 형을 사용하여 같은 의미를 나타낼 수도 있다.

   • *As* exercise is *to* the body, *so* reading is *to* the mind.
     = Reading is *to* the mind *what* exercise is *to* the body.

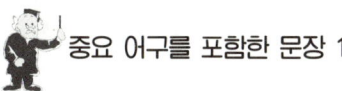 중요 어구를 포함한 문장 108

108 What do you say to ~ing?
~이 어떨까요?

What do you say to go**ing** on a picnic tomorrow?

해석 내일 소풍가는 게 어떨까요?

설명

1. 이 문형은 다른 사람의 의견을 묻는 데 쓰이는데, to 다음에는 일반적으로 동명사(~ing)가 온다.

    - *What do you say to going up Mt. Halla this summer?*
      이번 여름에 한라산을 등반하는 **게 어떨까요?**
    - *What do you say to taking a walk before breakfast?*
      아침 식사 전에 산책하는 **것이 어떨까요?**

2. "What about ...?" "How about ...?"도 같은 의미를 나타낸다. about 다음에는 명사, 동명사(~ing)가 온다.

    - *What (How) about invit*ing *Mr. White?*
      화이트 씨를 초대하는 **게 어떨까요?**

 중요 어구를 포함한 문장 109

109 What if ...?
만일 …라면 어떻게 될까?

What if he should fail?

해석 만일 그가 실패하면 어떻게 될까?

설명

1. 위의 문장은 "What would happen if he should fail?"을 줄여 쓴 것으로 「만일 그가 실패를 하면 어떻게 될까?(큰일이다)」라는 의미이다.

   - *What if* the rumor is true?
     만일 소문이 사실이**라면 어떻게 할까요?**

   - *What if* she should fail to come?
     그녀가 올 수 없다**면 어떻게 하지?**

2. 어떤 경우에는 "What if ...?"가 "What does it matter if ...?" 「…라도 상관없다」라는 의미로 쓰이기도 한다.

   - *What if* you fail? You will have another chance next month.
     실패하**더라도 상관없어**. 다음달에 또 기회가 있잖아.

   - *What if* she falls ill? Her mother lives near by.
     혹시 그녀가 병에 걸리**더라도 상관없다**. 가까이에 그녀의 어머니가 사시니까.

중요 어구를 포함한 문장 110

110 what I am
현재의 나

I owe **what I am** to my uncle.

해석 오늘의 내가 있는 것은 아저씨의 덕택이다.

어구 owe ... to ~ : …은 ~의 덕택이다

설명
"what I am"은 「오늘의 내가 있는 것」「현재의 나」라는 의미를 나타낸다 (what = that which). 또는 「나의 사람됨」이라는 의미로도 사용된다.

- Coal and iron made England *what she is*.
  오늘의 영국이 있는 것은 석탄과 철의 덕택이다.

- He is not *what he was* ten years ago; he has changed so much.
  그는 10년 전의 그가 아니다. 아주 변해 버렸다.

- Seoul is not *what it used to be*.
  서울은 옛날의 서울이 아니다. (used to be = was)

- You can't understand *what he is* until you see him.
  만날 때까지는 그의 사람됨을 알 수 없다. (만나고 나서야 비로소 그의 사람됨을 알 수 있다)

Test Yourself!

다음을 우리말로 옮기세요.

1. Facts are to the scientist what words are to the poet. The scientist has a love of facts, similar to the poet's love of words.
   hint> similar to ... : …와 비슷한, 유사한

2. What Darwin was to biology, Freud was to psychology.
   hint> biology[baiálədʒi] : 생물학   Freud[frɔid] : 프로이트
   psychology[saikálədʒi] : 심리학

3. The postal services in the eighteenth century were not what they are today.
   hint> postal services : 우편제도

4. The London policeman has been made what he is partly by the public themselves.

5. What if war should break out? No one can escape death.

Answer

1. 사실과 과학자에 대한 관계는 언어와 시인에 대한 관계와 같다. 과학자는, 시인이 언어에 대해 가지고 있는 애정 비슷하게 사실에 대한 애정을 가지고 있다.

2. 프로이트의 심리학에서의 위상은 다윈의 생물학에의 위상과 같다.

3. 18세기의 우편제도는 오늘날의 우편제도와는 달랐다.

4. 런던의 경찰관은 부분적으로는 민중 자신의 손에 의해서 오늘의 경찰관이 된 것이다.

5. 만일 전쟁이 일어난다면 어떻게 될까? 아무도 죽음을 면할 수 없을 것이다.

111 what money
(갖고 있는) 모든 돈

> I gave him **what money** I had.

[해석] 나는 가지고 있는 돈을 모두 그에게 주었다.

[설명]

1. what + 명사는 「(갖고 있는) 모든 …」「전부의 …」이라는 의미를 나타낸다.

     I gave him *what money* I had.
    = I gave him *all the money* that I had.

    - I will give you *what help* I can.
      내가 할 수 있는 한의 협력을 해 드리겠습니다.
      (= I will give you as much help as I can.)

    - *What information* we had came from that source.
      우리들이 가지고 있었던 정보는 모두 그 출처로부터 나온 것이었다.

2. what 다음에 명사가 오지 않아도 비슷한 의미가 될 때가 있다.

    - He spends *what* he earns.   그는 번 만큼 모두 써 버린다.
    - I will do *what* I can. 내가 할 수 있는 한 해 보겠습니다.

3. 또한 <u>what little(또는 few)</u> + 명사의 형으로 「얼마 안 되지만 …」「약소하나마 …」라는 의미가 될 때도 있다.

    - I gave him *what little money* I had.
      나는 얼마 안 되는 돈을 모두 그에게 주었다.

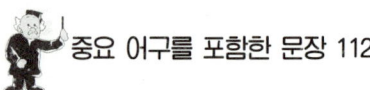

112 what is better
더욱 좋은 것은

> The weather had cleared up, and, **what was better**, there was no wind.

해석 날씨가 활짝 개었으며, 게다가 더욱 좋았던 것은 바람이 불지 않았던 것이었다.

설명

what으로 인도되는 절이 문장 중간에 삽입되어 「…한 것으로는」이라는 의미를 나타낸다.

- He fell ill on the way, and *what was worse*, he had little money with him.
  그는 도중에서 병에 걸렸는데, **설상가상으로** 돈을 거의 가지고 있지 않았다.

- Yes, I have the letter; and, *what's more*, I mean to keep it.
  그렇습니다. 나는 그 편지를 가지고 있습니다. 그리고 **또한** 그것을 계속 가지고 있을 생각입니다.

- Fortunately he was at home and, *what was rarer*, disengaged.
  다행히도 그는 집에 있었다. 게다가 **더욱 희한하게도** 한가했다.

중요 어구를 포함한 문장 113

113 what with ... and what with ~
…(하)랴 ~(하)랴

> **What with** teaching, **and what with** writing,
> his time is fully taken up.

해석 가르치랴 글쓰랴 그는 조금도 여가가 없었다.

설명

1. "what with ... and what with ~"는 두 가지 이유를 나열할 때 사용되는 것으로, 「…(하)랴 ~(하)랴」라는 의미를 나타낸다 (what = partly). 뒤의 what with는 가끔 생략된다.

    - *What with* idleness and (*what with*) illness he did not succeed in the work.
      나태한**데다** 병마저 **겹쳐서** 그는 그 일에 성공하지 못했다.
    - *What with* the joy of seeing his mother and (*what with*) the fear of losing his position, not a word did he utter.
      어머니를 만난 기쁨**이니** 직장을 잃을 걱정**이니 때문에** 그는 한 마디의 말도 하지 않았다.

2. "what by ... what by ~"도 같은 의미를 나타낸다.

    - *What by* good luck, and (*what by*) his talent, he made a fortune in a few years.
      행운**과** 재능**이 겹쳐서** 그는 2, 3년 만에 큰 돈을 벌었다.

중요 어구를 포함한 문장 114

114 what you call
이른바

He is **what you call** a bookworm.

해석 그는 이른바 책벌레이다.

설명

1. "what you call"은 「이른바, 말하자면」「소위」라는 의미를 나타낸다. 원래 의미는 「당신이 …라고 부르는 것」이다. "what we call" "what they call" "what is called" 등이라고도 한다.

- Though he was young, his notions were *what you call* conservative.
  비록 젊었지만, 그의 생각은 **소위** 보수적이었다.

- He is *what we call* a man of his words.
  그는 **이른바** 약속을 잘 지키는 사람이다.

- She is *what is called* a fine lady.
  그녀는 **소위** 멋진 숙녀이다.

2. "the so-called ~"도 같은 의미로, 불신이나 경멸적으로 쓸 때가 많다.

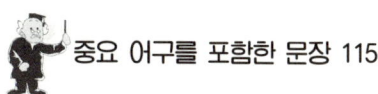

중요 어구를 포함한 문장 115

115 whatever ... may
어떤 …라도

Whatever you **may** do, you must do it well.

[해석] 어떤 일을 하더라도 그것을 훌륭하게 해야만 한다.

[설명]

1. "whatever ... may"는 「어떤 …이라도」「비록 …이라도」라는 양보의 의미를 나타낸다. (문형 56 참조)

   - *Whatever* he *may* say (or *Whatever* he says), I can't believe him.
     그가 **무슨** 말을 하**더라도** 나는 그를 믿을 수 없다.
   - *Whatever may* happen (or *Whatever* happens), I am not afraid.
     무슨 일이 일어나**든** 나는 무섭지 않다.

2. "whoever ... may" "whichever ... may" 등은 각각 「누가 …이라도」「어느 것이 …이라도」 등의 의미를 나타낸다.

   - *Whoever may* say so (or *Whoever* says so), it is a lie.
     누가 그렇게 말하**든** 그것은 거짓말이다.
   - *Whomever* you (*may*) ask, he will say so.
     누구에게 물어보**더라도** 그렇게 말할 것이다.
   - *Whichever* you (*may*) choose, you will be pleased.
     어느 쪽을 선택하**더라도** 당신 마음에 들 것이다.

3. where, when, how 등의 의문부사에 대해서도 같은 문형이 사용된다.

wherever ... may	어디에 …하더라도
whenever ... may	언제 …하더라도
however ... may	아무리 …하더라도

- *Wherever* he *may* go(or *Wherever* he goes), he will be welcomed.
그는 **어디에** 가**더라도** 환영을 받을 것이다.
- *Whenever* you (*may*) come, you will find me at home.
네가 **언제** 오**더라도** 나는 집에 있을 것이다.
- *However* hard you (*may*) work, you can't master English in a few months.
아무리 열심히 공부하**더라도** 몇 개월 만에 영어를 숙달할 수는 없다.

Test Yourself!

다음을 우리말로 옮기세요.

1. What with heat and thirst together, I became so impatient to get ashore.

2. He was hot-tempered, ill-mannered, and what was worse, poor.
   hint hot-tempered : 신경질적인, 성 잘내는

3. It may well be that what we call the unknowable will be for ever the unknown.

4. What little time I have been able to save has been employed in the examination of some points of law which admitted of no delay.

5. However various and conflicting the views of others may be, he certainly will agree with none of them.

6. In our lives we distinguish thousands of different things, and we usually recognize them wherever they may be, or in whatever circumstances we may see them.

Answer

1. 덥기도 하고 목이 마르기도 해서 나는 상륙하고 싶어서 견딜 수가 없었다.

2. 그는 신경질적이고 버릇이 없으며, 설상가상으로 가난했다.

3. 소위 불가사의한 것이 영원히 알려지지 않음은 당연한 일일 것이다.

4. 내가 지금까지 절약할 수 있었던 약간의 시간은 모두 지체할 수 없는 법적인 몇 가지 것들을 검토하는 데 사용되어 왔다.

5. 다른 사람들의 의견이 아무리 다양하고 상반되는 점이 있다 하더라도 그는 누구의 의견에도 결코 찬성하지 않을 것이다.

6. 우리들의 생활에서 우리들은 무수히 상이한 것을 판별하며, 그것들이 어디에 있든지 또한 어떤 환경 속에서 보이든지 우리들은 보통 그것들을 인식한다.

중요 어구를 포함한 문장 116

116 was ~ing when ...
~하고 있었을 때 …

I was going out of my house **when** my uncle came.

해석 내가 집을 나가려고 하고 있었을 때 삼촌이 오셨다.

설명 일반적으로 과거진행형+when의 경우는 앞에서부터 「~하고 있었을 때 …했다」라고 해석한다. 「이제 막 …하려 하고 있다」라는 의미의 "be going to …" "be about to …"의 경우도 마찬가지이다.

- He *was having* his breakfast, *when* the door bell rang.
  그가 아침 식사를 **하고 있었을 때** 현관의 벨이 울렸다.

- I *was about to leave* his house *when* I heard a dog bark.
  내가 그의 집을 나오**려고 했을 때** 개 짖는 소리가 들렸다.

117 whether ... or not
…인지 아닌지

I don't know whether he will come or not.

[해석] 그가 올지 안 올지 나는 모르겠다.

[설명]

1. "whether ... or not"은 「…인지 아닌지」라는 의미를 나타내는 명사절을 만든다(=if). or not은 흔히 생략된다.

    • I doubt *whether* it is true *or not*.
      나는 그것이 정말**인지 아닌지** 의심스럽다.
    • Ask him *whether* it is time to start.
      출발 시간**인지 아닌지** 그에게 물어 보게.

2. "whether or no ..." 또는 "whether or not ..."이라는 형식도 있다.

    • No one can tell *whether or no* it is possible.
      그것이 가능**한가 아닌가** 아무도 모른다.
    • He did not know *whether or not* to go.
      그는 가야 **할지 어떨지** 몰랐다.

3. "whether ... or not"은 또 「…이든지 아니든지」라는 양보의 의미를 나타낸다.

    • *Whether* you like it *or not*, you will have to do it.
      너는 좋든 싫든 그것을 하지 않으면 안 될 것이다.

중요 어구를 포함한 문장 118

118 would often ...
자주 …하곤 했다

He **would often** come to see me on Sundays.

해석 : 그는 **자주** 일요일에 놀러 오**곤 했다**.

설명 :

"would"는 일반적으로 often, sometimes, now and then(이따금) 등의 부사를 수반하여 「…하곤 했다」라는 과거의 불규칙한 습관을 표현하는 데 사용된다. 현재형은 "will"이다.

- I *would often* go fishing when I lived near the river.
  나는 강 근처에 살았을 때는 **자주** 낚시하러 가곤 **했다**.

- He *would sometimes* sit for hours without doing anything.
  그는 **때때로** 아무것도 하지 않고 몇 시간이고 앉아 있**곤 했다**.

"would ..."와 "used to ..."의 비교:

- When a boy, I *used to* go to school by bicycle, but *would sometimes* go by train on rainy days.
  어렸을 때에 나는 자전거로 학교에 가는 것이 **예사였지만**, 비가 오는 날에는 **때때로** 열차로 다닌 **적도 있었다**.

위의 예문에서 알 수 있듯이 "used to ..."는 일반적으로 규칙적인 습관(언제나 …했다)을 나타내고, "would ..."는 불규칙한 습관(때때로 …한 적이 있었다)을 나타낸다.

119 would rather ... than ~

~보다는 오히려 …가 낫다

I would rather die than yield.

[해석] 나는 항복하기보다는 오히려 죽는 편이 낫다.

[설명]

1. "would rather ... than ~"은 「~보다는 오히려 …가 낫다」라는 의미를 나타낸다. than 이하가 없는 경우도 있다.

   • I *would rather* die young *than* live to be a weak old man.
     나는 오래 살아 나약한 늙은이가 되기**보다는 차라리** 젊어 죽는 편**이 낫다**.

   • I *would rather* not stay here.
     나는 **오히려** 여기에 머무르고 **싶지** 않다.

2. "had rather ... than ~"도 같은 의미로 사용된다.

   • I *had rather* die *than* live in dishonor.
     나는 불명예스럽게 사느니(욕되게 살기**보다) 차라리** 죽고 **싶다**.
     (= I *would rather* die *than* live in dishonor.)

3. "would (*or* had) sooner ... than ~" 또는 "would (*or* had) as soon ... as ~"의 형도 사용된다.

   • I *would* (or *had*) *sooner* go out *than* stay indoors.
     = I *would* (or *had*) *as soon* go out *as* stay indoors.
     나는 집에 있는 것**보다 오히려** 외출하고 **싶다**.

 중요 어구를 포함한 문장 120

120 worth ~ing
~할 가치가 있는

Whatever is worth doing at all, is worth doing well.

[해석] 조금이라도 **할 가치가 있는** 것은 훌륭하게 **할 가치가 있다**.

[어구] at all : 조금이라도

[설명]

1. "worth ~ing"는 「~할 가치가 있는」이라는 의미를 나타내며, worth 뒤에는 명사 또는 동명사(~ing)가 온다.

   - This book is *worth* read*ing* again and again.
   이 책은 반복해서 읽을 **가치가 있다**.
   - Turner, the famous British painter, had no conventional education *worth* mention*ing*.
   영국의 유명한 화가인 터너는 **이렇다 할** 정규 교육을 받지 않았다.

2. "It is worth while ~ing"도 같은 의미로 사용된다 (단, 이 구문에서는 주어는 일반적으로 it이다). 동명사 대신에 부정사(to ...)가 올 때도 있다.

   - *It is worth while* read*ing* this book.
   이 책은 읽을 **가치가 있다**. (=This book is worth reading.)
   - *It is worth while* for you *to* try and see what will come out of it.
   그것에서 어떤 결과가 나올지 네가 **해볼 가치가 있다**.

Test Yourself!

다음을 우리말로 옮기세요.

1. They used to nod to each other when they met, and now and then they would exchange a word or two.
   hint nod : 끄덕하고 인사하다

2. We were talking over some difficult points of the matter when quite suddenly he got hot and went out of the room.

3. Americans are not quite happy standing still — they would rather be doing something, even if it is the wrong thing to do at the time.

4. You may well wonder whether, having once got to the Moon, any living creature from the Earth is really likely to be able to make a living there.

5. The power of rightly chosen words is very great, whether those words are intended to inform, to amuse, or to move.

6. The change that is taking place in regard to a people and their land in Russia is well worth observing.
   hint in regard to ... : …에 관해서, …에 대해서

Answer

1. 그들은 만나면 서로 고개를 끄덕이며 인사하곤 했지만, 때때로 한두 마디 말을 나누기도 하였다.

2. 우리들은 그 문제의 몇 가지 어려운 점에 대하여 토의하고 있었다. 그런데 그는 갑자기 아주 흥분하여 방 밖으로 나가 버렸다.

3. 미국인들은 꼼짝하지 않고 서 있는 것을 전혀 기꺼워하지 않는다. 그들은 오히려 무엇인가 하는 편을 좋아한다. 설사 그것이 그 경우에 적합하지 않다고 하더라도.

4. 한번 달에 도착한다면, 지구에서 간 생물체가 그곳에서도 과연 살 수 있는지 어떤지 생각하는 것은 당연하다.

5. 올바르게 선택된 단어들의 힘은 비록 그 단어들이 사람에게 어떤 정보를 제공하든가 즐겁게 해주든가 혹은 감동을 주기 위하여 의도적으로 사용된 것일지라도 참으로 위대한 것이다.

6. 러시아 국민과 국토에 대하여 현재 일어나고 있는 변화는 충분히 주목할 가치가 있다.

제2장
중요 문법사항을 포함한 문장

BASIC ENGLISH FORMULAS

중요 문법사항을 포함한 문장 1

121 It ... to ~
~하는 것은 ...

It always pays to tell the truth.

[해석] 진실을 말하는 것은 항상 손해나지 않는 것이다.

[어구] pay : 수지 맞다, 손해나지 않다

[설명]

1. It는 「시간」 「날씨」 「거리」 등을 나타내는 데 사용되는데, 위의 문장과 같이 다음에 오는 부정사(to ...)를 대신하여 문장의 가주어가 될 때가 있다.

   • *It is wrong to persecute a man because of his religion.*
   종교 때문에(종교가 다르다고 해서) 사람을 박해하는 것은 잘못된 일이다.

   • *It is out of my power to reward you for your services.*
   당신의 수고에 대하여 보답하는 일은 저로서는 할 수 없습니다.

2. "It ... to ~"가 "It ... for ~ to —"라는 형이 될 때가 있다. 이 경우의 it는 for 이하를 대신하고 있다. "for ~ to ..."는 「~로서 ...하다」로 해석 하여도 좋지만, 「~가 ...하다」로 해석하는 경우가 많다. 즉 for 다음의 명사와 대명사는 "to ..."의 의미상의 주어이다. (문형 39 참조)

   • *It is impossible for two inquisitive people to be friends.*
   캐묻기 좋아하는 두 사람이 친구가 되기는 불가능하다.

   • *It is unusual for him to call on me in the morning.*
   그가 아침에 나를 찾아오는 것은 보기 드문 일이다.

3. 다음과 같이 it가 부정사를 대신하여 동사의 가목적어가 되는 경우도 있다. (문형 38 참조)

- She makes *it* a rule *to go to the cinema twice a week for fear of being behind times*.
  그녀는 시대에 뒤떨어지지 않게 1주일에 두 번 영화를 보러 가기로 하고 있다.

- Though I understood what he said, I found *it* difficult *to make myself understood*.
  그가 말한 것은 이해했지만, **내가 말한 것을 이해시키기란** 어려운 일이었다.

중요 문법사항을 포함한 문장 2

122 It ... that ~
~하는 것은 ...

It is an old saying that money makes friends.

[해석] 돈이 있으면 친구가 생긴다는 것은 오래 된 속담이다.

[어구] saying : 속담

[설명]

1. "it"는 앞에서 설명한 것처럼 that 이하의 명사절을 대신하여 문장의 가주어가 된다. 접속사로는 that 이외에 "whether" 등을 사용할 수 있다.

   • *It* is clear *that a beard is a labour-saving device.*
     수염을 기르는 것이 노동 절약의 한 방책이라는 것은 분명한 일이다.

   • *It* does not matter *whether he agrees with us or not.*
     그가 우리들의 의견에 찬성하는지 안 하는지는 문제가 아니다.

   〈비교〉 ― *It* is true *that he has gone to America.*
             그가 미국에 갔다는 **것은** 사실이다.
             (It는 접속사 that 이하를 대신한다)

           It is this book *that* I bought.
             내가 산 **것은** 이 책이다.
             (It는 관계대명사 that의 선행사. 강조구문)

2. 다음과 같이 it가 의문사로 시작되는 명사절을 대신하여 문장의 가주어가 될 때도 있다.

   • *It* is curious *how the boy has succeeded in constructing the machine.*
     그 소년이 어떻게 해서 그 기계를 조립하는 데 성공했는지 신기하다.

- *It* makes no difference *what kind of textbook you use so long as you study hard.*
  열심히 공부한다면 어떤 종류의 교과서를 사용하는가는 문제가 안 된다.

3. it는 명사절을 대신하여 동사의 가목적어로 될 때가 있다. (문형 39 참조)

- I think *it* probable *that he should have failed to get a job.*
  그가 직장을 구할 수 없었다는 것은 있을 법한 일이라고 생각한다.
- I looked upon *it* as awkward *that she changed her mind.*
  그녀가 마음을 바꾼 것은 섣부른 일이라고 생각했다.

Test Yourself!

다음을 우리말로 옮기세요.

1. It is an error to suppose that the public is indifferent to, or unable to understand, the problems of religion and philosophy.
   hint be indifferent to ... : …에 무관심하다   philosophy[filásəfi] : 철학

2. Until recently, before we were able to harness the forces of the atom, we could kill each other but could not destroy the human species. Now it is within our power to extinguish life on this planet.
   hint harness : 이용하다   the human species[spí:ʃi(:)z] : 인류
   be within one's power : 할 수 있다, 힘이 미치는 범위 내이다

3. What is the first business of one who studies philosophy? To part with self-conceit. For it is impossible for any one to begin to learn what he thinks that he already knows.
   hint To part 앞에 It is를 보충하여 생각하자.
   self-conceit : 허영심, 자부심

4. It is to be regretted that the majority of young people should look upon an effortless life as the highest good.
   hint It is to be regretted that ... : …은 유감스럽다

5. It was one of his peculiarities that no incident ever happened to him without teaching him some valuable lesson.
   hint peculiarity : 특색
   no incident ever happened to him without ... : …하지 않고서는 어떤 사건도 그에게 일어나지 않았다(= 어떤 사건이 일어났다 하면 반드시 그는 …했다)
   valuable lesson : 귀중한 교훈

Answer

1. 대중이 종교나 철학의 여러 문제에 대하여 무관심하다든가 혹은 이해하지 못한다고 생각하는 것은 잘못된 일이다.

2. 최근까지 우리들이 원자력을 이용할 수 있게 되기 전에는 우리들은 서로 죽일 수는 있었지만 인류를 멸망시킬 수는 없었다. 이제는 이 행성(=지구)의 생명을 절멸시킬 수 있다.

3. 철학을 연구하는 사람의 최초의 임무는 무엇일까? 그것은 자만심을 버리는 것이다. 왜냐하면 누구든지 이미 알고 있다고 생각하는 것을 배우기 시작한다는 것은 불가능하기 때문이다.

4. 대다수의 젊은이들이 안이한 생활을 최고의 선으로 생각하는 것은 유감스러운 일이다.

5. 어떤 사건이 일어나면 반드시 그 사건에서 귀중한 교훈을 배운다는 것이 그의 특색 가운데 하나였다.

중요 문법사항을 포함한 문장 3

123 a man who ...
...하는 사람

> He is **a man who** will never give in.

[해석] 그는 굴복 같은 것은 결코 하지 않을 **사람**이다.

[어구] give in : 굴복하다, 양보하다(=surrender)

[설명]

1. 선행사가 "a man"과 같이 「사람」인 경우 관계대명사는, 만일 그 관계대명사가 다음에 오는 동사의 주어일 때는 위 문형처럼 "who"를 사용한다. 이 who는 해석하면 「…하는 (사람)」이 된다.

   • I know *the man who* wrote this novel.
   나는 이 소설을 쓴 **사람**을 알고 있다.

   • There are *some people who* sleep in the daytime and work at night.
   낮에 자고 밤에 일하는 **사람**도 있다.

2. 관계대명사가 다음에 오는 동사나 전치사의 목적어가 되는 경우는 "whom"을 사용한다. (물론 선행사가 「사람」인 경우)

   • Mr. Smith is *a man whom* you can trust.
   스미스 씨는 신뢰할 수 있는 **사람**이다.

   • *The man whom* we were looking for has come.
   우리가 찾고 있었던 **사람**이 왔다.

3. 관계대명사가 다음에 오는 명사와 소유관계일 때에는 "whose"를 사용한다.

- Picasso is *a painter whose* output is enormous.
  피카소는 작품이 대단히 많은 **화가**이다.

- We are apt to dislike *people whose* opinions differ from ours.
  우리들은 자기와 의견이 다른 **사람**을 싫어하는 경향이 있다.

4. "one who ...", "those who ..."는 「...하는 사람」의 의미이다. "he who ..."도 같은 의미이지만, 이것은 예스러운 표현이다.

- *One who* does not know a foreign language knows nothing of his own.
  외국어를 모르는 **사람**은 모국어도 모르는 사람이다.

- *Those who* have cars can regard a neighbor any person living within twenty miles.
  자동차를 가지고 있는 **사람**은 20마일 이내에 살고 있는 사람을 누구든지 이웃으로 간주할 수 있다.
  (a neighbor는 보어. 「이웃으로 (간주하다)」의 의미)

- *He who* would search for pearls, must dive deep.
  진주를 얻고자 원하는 **사람**은 깊이 잠수해야 한다. (= 호랑이굴에 가야 호랑이 새끼를 잡는다)

중요 문법사항을 포함한 문장 4

124 a thing which (or that) ...
...하는 것

The meeting which was held yesterday, was success.

해석 어제 개최된 **회의**는 성공적이었다.

설명

1. 선행사가 「사람 이외의 것」인 경우 관계대명사는 주격, 목적격에 "which", 소유격에 "of which(혹은 whose)"를 사용한다. 위 문장의 which는 was held의 주어로서 주격 역할을 한다. which, of which 등의 해석 방법은 who와 마찬가지이다.

- *The task which* confronted him had to be faced alone.
  그가 직면한 **과업**은 혼자서 하지 않으면 안 되었다. (which는 주격)

- *The homework which* our teacher set us was difficult.
  선생님이 내준 **숙제**는 어려운 것이었다. (which는 목적격)

- Beavers choose *a stream of which* the banks (the banks *of which* 또는 *whose* banks) are covered with trees.
  비버(바다너구리)는 기슭이 나무로 뒤덮인 **개울**을 택한다.
  (of which 및 whose는 소유격)

2. 주격, 목적격의 경우에는 which 대신에 "that"을 사용하는 경우도 있다. that은 선행사가 「사람」일 때나 「사람 이외의 것」일 때 모두 사용할 수 있기 때문에 who, whom을 대신할 때도 있다.

- This is *the book that* (or *which*) I have been looking for.
  이것은 내가 찾고 있던 **책**이다.

- There were very few *people that* (or *who*) rushed to the scene of the fire and tried to put it out.
  화재 현장에 뛰어가서 불을 끄려고 하는 **사람**은 거의 없었다.

3. 선행사가 최상급이나 any, the only 등을 포함하고 있을 때에는 that 이 선호된다.

- It was *the biggest harvest* that he had ever seen.
  그것은 그가 여태껏 보았던 **최대의 수확**이었다.
  (= 지금까지 본 적이 없을 정도로 대수확이었다)

- He is *the only man that* has survived the flood.
  그는 그 홍수에서 살아 남은 **유일한 사람**이다.

- He is *the last man that* I expected to see.
  그는 내가 만나리라고는 생각**조차 못했던 사람**이다.

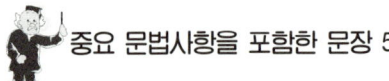

중요 문법사항을 포함한 문장 5

125 the house in which he lives
그가 살고 있는 집

The house in which he lives stands on a little hill.

[해석] 그가 살고 있는 집은 자그마한 언덕 위에 있다.

[설명]

1. 위 문장처럼 관계대명사 앞에 전치사가 오는 경우가 있는데 해석 방법은 지금까지 나왔던 관계대명사와 같다.

   - *The valley in which we were encamped* was six hundred meters above the level of the sea.
     우리들이 야영을 한 계곡은 해발 600미터였다.
   - He advanced slowly *in the direction from which the sound had come*.
     그는 **소리가 났던 방향**으로 천천히 나아갔다.
   - *Mrs. Evans from whom I took piano lessons* is now in New York.
     내가 **피아노 교습을 받았던 에반스 여사**는 지금 뉴욕에 살고 있다.

2. 전치사는 관계대명사의 뒤쪽으로 떼어놓을 수도 있다. 해석 방법은 관계대명사의 앞에 있는 경우와 같다.

   - *The house which he lives in* is two-storied.
     그가 살고 있는 집은 2층 건물이다.
   - I have *many duties which I have to attend to*.
     나는 **하지 않으면 안 되는 임무**가 많다.
   - *The American soldier whom I had a drink with* was a kind-hearted man.
     나와 함께 한잔했던 미군 병사는 친절한 사람이었다.

중요 문법사항을 포함한 문장 6

126 , which ... (, who ...)
그리고 그것은 ... (그리고 그 사람은 ...)

Our teacher told us a story, which was very interesting.

해석 선생님께서 우리들에게 이야기를 해주셨는데, **그것은** 매우 재미있었다.

설명

1. 문형 121~125에서 설명한 것은 모두 제한적 용법의 관계대명사로서 해석은 「...하는 바(사람/것)」가 된다. 관계대명사에는 제한적 용법 외에 비제한적 용법, 즉 서술적 용법이란 것이 있다. 서술적 용법인 경우에는 관계대명사 앞에 일반적으로 콤마가 있으며, 관계대명사는 **접속사+대명사**로 나눌 수 있다. 위 예문의 which ...를 분해하면 and it ...(그리고 그것은 ...)으로 된다. 접속사는 and 뿐만 아니라 전후 문맥에 따라서 but, as, if 등도 올 수 있다.
다음 두 문장을 비교해 보자.

- She dismissed her maid *who* had stolen her ring.
  그녀는 반지를 훔쳤던 하녀를 해고했다. (제한적 용법)
- She dismissed her maid, *who* had stolen her ring.
  그녀는 하녀를 해고했는데, 그녀의 반지를 훔쳤기 때문이었다.
  (서술적 용법, who = for she)

- Old age has its pleasures, *which*, though different, are not less than the pleasure of youth.
  노인에게는 그 나름대로의 즐거움이 있는데, **그것은** 젊은이들의 즐거움과는 다르지만 그보다 나으면 나았지 못하지 않은 것이다.
  (which = and they)

- They began to talk their flash language, *which* I did not understand.

그들은 은어로 이야기하기 시작해서 나는 **그것을** 알아들을 수가 없었
다. (which = but ... it)

- His favorite poet was Cowper, *whose* moral sentiments
  greatly soothed him.
  그가 가장 좋아하는 시인은 쿠퍼였는데, **그것은 쿠퍼의** 도덕적인 정서
  가 그의 마음에 큰 위안이 되었기 때문이다. (whose = because his)

- His daughter, *who* wanted to be a nurse, entered a nurses'
  training school.
  그의 딸은 간호사가 되고 싶었기 때문에 간호사 양성학교에 들어갔다.

2. 서술적인 용법인 which는 앞의 구나 절을 대신할 수 있다.

- He tried to climb the mountain, *which* he found quite
  impossible.
  그는 그 산을 등반하려 시도했는데, **그것은** 전혀 불가능하다는 것을
  알게 되었다.
  (which는 to climb the mountain이라는 구를 대신한다. which
  he found ... = but he found it ...)

- The decision was postponed, *which* was exactly what he
  wanted.
  결정은 연기되었는데, **그것은** 정확히 그가 바라는 바였다.
  (which는 The decision was postponed.라는 절을 대신한다.
  which was ... = and it was ...)

중요 문법사항을 포함한 문장 7

127 the house Jack built
잭이 세운 집

> This is **the house Jack built**.

해석 이것은 잭이 세운 집이다.

설명

1. 관계대명사는 동사나 전치사가 목적어가 될 경우에 생략되는 수가 있다. 위 문장에서는 the house 다음에 관계대명사(that)를 생략하고 있다. 이 that은 built의 목적어이다.

   - He was kind enough to send me *the American bestseller I wanted to read*.
   그는 친절하게도 **내가 읽고 싶어했던 미국의 베스트셀러**를 보내 주었다. (bestseller 다음에 that 생략)

   - You are *the first person I have spoken to* since I came to this country.
   너는 내가 이 나라에 와서 **이야기를 한 최초의 사람이다**.
   (person 다음에 whom 생략. whom은 to의 목적어)

2. 관계대명사가 보어로 쓰인 경우에도 생략되는 수가 있다.

   - She is not *the sweet girl was* before the war.
   그녀는 지금은 전쟁 전의 **예쁜 소녀**가 아니다.
   (= 전쟁 전에는 예쁜 소녀였지만 지금은 그렇지 않다)
   (girl 다음에 that 생략. that은 was의 보어)

   - I am not *the man I was* when you knew me first.
   나는 네가 처음으로 나를 알았을 때의 **사람**이 아니다.
   (= 지금의 나와, 네가 처음 만났을 때의 나는 다르다)
   (man 다음에 that 생략. that은 was의 보어)

3. "It is ..." "There is ..." "Here is ..." 등의 구문 다음에서는 주격의 관계대명사를 생략할 때도 있다.

- *It was her shadow passed the window.*
  창을 가로질러 간 것은 그녀의 그림자였다.
  (shadow 다음에 that 생략. that은 passed의 주어)

- *There is a willow grows aslant a brook.*
  시냇물 위에서 비스듬히 **자라는 버드나무가 있다.**
  (willow 다음에 that 생략. that은 grows의 주어)

- *Here is a book will tell you how to drive a car.*
  여기에 자동차 운전을 **가르쳐 주는 책이 있다.**
  (book 다음에 that 생략. that은 will tell의 주어)

4. 절이 "there is ..."로 시작되는 경우에는 보통 그 앞에 주격 관계대명사를 생략한다.

- This is *the best watch there is* in this store.
  이것은 이 가게에 있는 시계 중**에서 가장 좋은 것**이다.
  (watch 다음에 that 생략. that은 is의 주어)

- She taught me *the difference there is* between what is right and what is wrong.
  그녀는 옳은 것과 옳지 않은 것 사이**의 차이**를 나에게 가르쳐 주었다.
  (difference 다음에 that 생략)

중요 문법사항을 포함한 문장 8

128 what he said
그가 말한 것

> I could not understand **what he said.**

해석 나는 그가 말한 것을 이해할 수 없었다.

설명

1. what은 선행사를 포함하는 관계대명사로 "that which" "the thing(s) which"「…의 것」이라는 의미이다.

    - *What I want to know* is whether she has come home in safety.
      내가 알고 싶은 것은 그녀가 안전하게 집에 돌아왔는지 어떤지이다.
    - From *what he has told me*, it is obvious that he is against communism.
      그가 나에게 이야기한 것으로 보아, 그가 공산주의에 반대하는 것은 분명하다.

2. 관계대명사인 what이 "what is called"「이른바」, "what is better"「더욱더 좋은 것은」, "what is worse"「설상가상으로」와 같은 숙어 중에 사용될 때가 있다. what is called는 "what you (or we, they) call"이 될 때도 있다. (문형 114 참조)

    - Her notions were *what is called* advanced.
      그녀의 생각은 **이른바** 진보적인 것이었다.
    - The island is full of charms, and *what is better*, you can visit it by plane.
      그 섬은 매력적인 것들로 가득차 있으며 **더욱더 좋은 것**은 비행기로 갈 수 있다는 것이다.
    - We were overtaken by night on the way, and *what was worse*, it began to rain.
      도중에 밤이 되었고 **설상가상으로** 비가 오기 시작했다.

중요 문법사항을 포함한 문장 9

129 such ... as ~
~와 같은 ...

I have such a lighter as you have never seen.

[해석] 나는 당신이 본 적이 없는 (것과 같은) 라이터를 가지고 있다.

[설명]

1. as가 관계대명사로서 "such ... as ~"의 형으로 사용될 때가 있다.

   • Our teacher spoke in *such* easy English *as* we all could understand.
   선생님은 우리들이 모두 이해할 수 있는(이해할 수 있을 **정도로**) 쉬운 영어로 말씀하셨다.

   • Before I die I feel it my duty to pass on to you *such* wisdom *as* I have acquired.
   죽기 전에 내가 지금껏 습득한(**바의**) 지식을 너에게 전하는 것이 내 의무라고 생각한다.

2. 이 as는 앞에 the same이 와서 "the same ... as ~" 「~와 같은 ...」로 쓰일 때도 있다.

   • I am going to buy *the same* dictionary *as* you have.
   나는 네가 가지고 있는 것**과 같은** 사전을 사려고 한다.

   • We drove *the same* way *as* we had come the evening before.
   우리들은 전날 밤에 왔던 것**과 같은** 길을 달렸다.

   〈비교〉 This is *the same* car *as* I saw yesterday.
   이것은 어제 보았던 것**과 같은** 형의 자동차이다.

   This is *the same* car *that* I saw yesterday.
   이것은 어제 **보았던** 자동차이다.

3. but도 앞서 설명한 바와 같이 관계대명사로서 사용될 때가 있다. 이 but은 "that ... not" 「…하지 않는 바의」의 뜻으로 부정을 포함한 단어이다. (문형 97 참조)

- I know few students *but* like music.
  음악을 좋아하**지 않는**(**바의**) 학생은 거의 없다는 것을 알고 있다.
  (but like ... = that do not like ...)

- There is no gentleman *but* wished to avoid using such a vulgar expression.
  그런 저속한 표현을 사용하기를 피하고 싶어하**지 않는** 신사는 없다.
  (but wishes ... = that does not wish ...)

Test Yourself!

다음을 우리말로 옮기세요.

1. We have first to finish for ever with the danger of nuclear war. We have to achieve universal disarmament, which is now, in the missile age, the only way to security.
   > **hint** nuclear[njúːkliər] : 핵의   universal disarmament : 세계적 군비축소
   > which = and it   missile : 미사일   security : 안전보장

2. The people I admire most are those who are sensitive and want to create something or discover something, and don't see life in terms of power, and such people get more of a chance under a democracy than elsewhere.
   > **hint** in terms of ... : …의 관점에서   a democracy : 민주국가

3. For some reason he began to cry, which was exactly what he had desired not to do.
   > **hint** for some reason : 웬일인지   which = and it (which의 선행사는 앞의 절)

4. Every scientific discovery, even the most startling, depends on what has gone before much more intimately than do works of art.
   > **hint** startling : 놀라운   intimately : 밀접하게, 친밀하게
   > do (대동사) = depend on what has gone before
   > works of art : 예술작품 (앞 do의 주어)

5. The H-bomb is a decisive weapon against which, so far, no defense has been discovered.
   > **hint** H-bomb[éitʃbam]=hydrogen bomb : 수소폭탄
   > decisive[disáisiv] : 결정적인   weapon : 무기   defence : 방어

6. I think that I am superior to the common run of men in noticing things which easily escape attention and in observing them carefully.
   > **hint** run : 종류, 유형   the common run of men : 보통 (유형의) 사람
   > which의 선행사는 things   escape attention : 주의를 벗어나다, 간과하다

7. He opened another drawer, and found therein an envelope, from which he drew a photograph of her as a child, standing under a tree with a little basket in her hand.
   hint> drawer : 서랍   therein : 그 속에   from which = and from it

8. The man who loses his temper often thinks he is doing something rather fine and majestic. On the contrary, so far is this from being the fact, he is merely making an ass of himself.
   hint> lose one's temper : 화를 내다   majestic : 위엄있는
   on the contrary : 도리어, 이와는 반대로
   make an ass of oneself : 어리석은 짓을 하다(of ...는 「...부터」의 의미)

9. Fundamental to the existence of science is a body of established facts which come either from observation of nature in the raw, so to speak, or from experiment.
   hint> fundamental : 근본적인, 중요한   existence : 존재
   a body of ... : 일단의   ... body of 이하가 이 문장의 주어
   established : 확립된 which의 선행사는 a body of established facts
   nature in the raw : 가공하지 않은 자연   so to speak : 말하자면

Answer

1. 우리들은 우선 핵전쟁의 위기와 영구히 결별하지 않으면 안 된다. 우리들은 세계적인 군비축소를 해야만 하는데, 그것이야말로 오늘날 미사일 시대에서 안전보장에 이르는 유일한 길이다.

2. 내가 가장 존경하는 사람은 감수성이 예민하고 뭔가 창조하든가 뭔가 발견하려는 의욕을 가지며 인생을 권력의 관점에서 보지 않는 사람인데, 그러한 사람은 민주국가에서 다른 어떤 곳에서보다 많은 기회를 가질 수 있다.

3. 웬일인지 그는 울기 시작했는데, 그것은 그가 전혀 원하지 않았던 일이었다.

4. 모든 과학적인 발견은 가장 놀랄 만한 것조차도 예술작품보다도 훨씬 밀접하게 예전의 것에 의존하고 있다.

5. 수소폭탄은 지금까지 방어법이 전혀 발견되지 않은 결정적인 무기이다.

6. 쉽사리 사람들이 간과하는 일들을 알아채고 그것을 주의깊게 관찰하는 점에서 나는 보통 사람들보다 우수하다고 생각한다.

7. 그는 다른 서랍을 열고 그 속에서 한 장의 봉투를 발견했는데, 그 봉투에서 손에 작은 바구니를 들고 나무 아래 서 있는 그녀의 어린 시절 사진을 꺼냈다.

8. 화를 내는 사람은 흔히 자기가 뭔가 훌륭하고 위엄있는 일을 하고 있다고 생각한다. 도리어 이것은 사실과 전혀 다르며 그는 단지 바보 같은 짓을 하고 있을 뿐이다.

9. 이른바 자연 그대로의 관찰이라든가 혹은 실험에서 얻어지는 일단의 확립된 사실이 과학의 존재에는 근본적으로 필요한 것이다.

중요 문법사항을 포함한 문장 10

130 the place where ...
…하는 (바의) 장소

> I know **the place where** mother concealed the box of chocolates.

[해석] 나는 어머니가 초콜릿 상자를 감춰 뒀던 장소를 알고 있다.

[어구] conceal : 감추다

[설명]

1. 위 문장의 "where"는 선행사가 장소일 때 사용되는 관계부사이다. 이 것을 우리말로 옮기면 관계대명사와 마찬가지로 「바의」가 되지만, 일반적으로 이 말을 해석하지 않는다.

   • Korea is *the only country where* traveling in trains affords me a real pleasure.
   한국은 정말로 유쾌한 기차여행을 할 수 있는 **(바의) 유일한 나라**이다.

   • He has come to the new world to look for *some place where* he is likely to make a fortune.
   그는 부자가 될 수 있을 것 같은 **곳**을 찾으러 신세계로 왔다.

2. "the time when ..."은 「…하는(바의) 시간」이라는 의미로, "when"은 선행사가 시간을 나타낼 때에 사용되는 관계부사이다.

   • Let me know *the time when* you will come.
   당신이 올 **시간**을 알려 주세요. (when = at which)

   • I long for *the day when* I shall be able to realize my desire.
   나는 희망을 실현할 수 있는 **날**을 고대하고 있다.
   (when = on which)

3. "the reason why …"는 「…하는 (바의) 이유」라는 뜻으로 사용된다. "why"는 the reason(이유)을 선행사로 하는 관계부사이다.
   (문형 100 참조)

   - We don't know *the reason why* she absented herself from school.
     그녀가 학교를 결석한 **이유**를 우리들은 알지 못한다.
   - There is no *reason why* the two powers cannot reach an agreement on this point.
     두 강국이 이 점에 관해 합의할 수 없는 **이유**는 없다.

4. "how"도 관계부사로 사용되지만 이것은 보통 선행사를 취하지 않는다. 다음 보기에 있는 "This is how …"는 「이렇게 해서 …」로 해석하는 것이 좋다.

   - *This is how* the traffic accident happened.
     이렇게 해서 그 교통사고는 일어났다.
   - *That is how* he managed to construct the machine.
     그렇게 해서 그는 용케 그 기계를 조립했다.

중요 문법사항을 포함한 문장 11

131 , where ...
그리고 거기에서 ...

I went to the tearoom, where I had a cup of coffee.

해석 나는 찻집에 가서 (거기에서) 커피를 한 잔 마셨다.

설명

1. 장소를 나타내는 관계부사에는 who, which 등의 관계대명사와 마찬가지로 서술적 용법이 있다. 위 문장에서 "where"가 그런 것인데, 이것은 "and there"「그리고 거기에서」「그곳에서」라는 의미이다.
이 경우에는 일반적으로 where 앞에 콤마(,)를 찍는다.

- Then they took me to a night club, *where* they made me drunk with gin.
그리고 나서 그들은 나를 나이트클럽에 데리고 가서, **거기에서** 진을 마셔 취하게 만들었다. (where = and there)

- Tomorrow, if fine, we are going to the lake, *where* we shall enjoy ourselves by swimming and fishing.
내일 날씨가 좋으면 우리들은 호수로 갈 예정인데, **거기에서** 수영도 하고 낚시도 하며 즐겁게 보낼 것이다.

2. 때를 나타내는 관계부사 "when"에도 서술적 용법이 있다. 이 경우에도 when 앞에 콤마(,)를 찍는다. 서술적 용법이 있는 관계부사는 "where"와 "when" 두 개뿐이다.

- We were taking supper, *when* someone knocked the door.
우리들은 저녁을 먹고 있었는데, **그때** 누군가가 문을 두드렸다.
(when = and then)

- Seeing her figure on the platform, I stood up from my seat, *when* the train began to move.
플랫폼에서 그녀의 모습을 보고서 나는 자리에서 일어났는데, **그때** 열차가 움직이기 시작했다. (when = and then)

Test Yourself!

다음을 우리말로 옮기세요.

1. In England modern industry, as you know, began in the year when James Watt invented the steam engine.
   hint industry : 산업   steam engine : 증기기관

2. My house destroyed by the war fire, I went into the country with my childeren, where I stayed till the end of the war.
   hint My house destroyed = My house being destroyed = As my house was destroyed   war fire : 전화(戰火)   the country : 시골

3. He would not move out of doors, except at night, when he walked like a ghost about the garden as if he had lost his senses.
   hint would not ... : 도무지 …하지 않았다   lose one's senses : 미치다

4. In a world where nationalism is taken for granted, and where the values of nationalism are held to be supreme, it is only natural that the results of scientific research should be applied to the end of producing and improving the instruments of war.
   hint nationalism : 국가주의   be taken for granted : 당연하다고 생각되다
   be applied to ... : …에 사용되다   instruments of war : 전쟁의 도구, 무기

5. When I put my head on the pillow, I pass into a fathomless peace where no dreams come, and about eight hours later I emerge to consciousness, as though I had come up from the deeps of infinity.
   hint fathomless[fǽðəmlis] : 대단히 깊은   emerge to consciousness : 잠을 깨다

Answer

1. 영국에서 근대산업은 알다시피, 제임스 와트가 증기기관을 발명한 해부터 시작되었다.

2. 집이 전화로 파괴되었기 때문에, 나는 아이들을 데리고 시골로 가서 거기에서 전쟁이 끝날 때까지 있었다.

3. 그는 밤 이외는 도무지 문 밖으로 나가려 들지 않았는데, 밤에는 마치 유령처럼 미친듯이 정원을 이리저리 걸어다녔다.

4. 국가주의가 당연한 것으로 생각되어 국가주의의 가치가 최고라고 여겨지는 세계에서는, 과학적 연구의 성과가 무기의 생산과 개량이라는 목적에 사용되는 것이 아주 당연한 일이다.

5. 나는 머리를 베개 위에 놓으면 꿈을 꾸지 않는 대단히 깊은 잠에 빠져들고 약 여덟 시간 뒤에는 마치 무한의 심연으로부터 떠오르는 것처럼 잠에서 깬다.

중요 문법사항을 포함한 문장 12

132 have done
해 버렸다

> I **have done** my homework.

[해석] 나는 숙제를 해 버렸다(끝마쳤다).

[설명]

1. have (또는 has) + 과거분사의 형, 즉 현재완료는 우선 「…해 버렸다」라는 뜻으로 현재까지의 동작의 완료를 나타낸다. 또한 동작의 결과가 현재까지 남아 있는 것을 의미한다.

   - The world *has changed* more in this century than in the previous three or four.
     세계는 과거 3, 4세기보다 금세기에 더욱 많은 **변화를 했다**.

   - Since I lost my sight five years ago, the sounds I hear *have taken* a new meaning.
     5년 전에 실명한 이래로 내게 들리는 소리는 새로운 의미를 **가지게 되었다**.

2. 또한 현재완료는 「…한 적이 있다」라는 뜻으로 현재까지의 경험을 나타낸다.

   - Anyone who *has read* Tolstoy's novels can never forget their fascination.
     톨스토이의 소설을 **읽은 적이 있는** 사람은 누구든지 그 매력을 잊을 수 없다.

   - I *have never heard* a young lady singing such an indecent song.
     나는 젊은 여자가 그처럼 외설적인 노래를 부르는 것을 **들어 본 적이 없다**.

〈비교〉 ┌ (a) He *has gone* to Cheju-do.
　　　　　그는 제주도로 **가 버렸다**. (= 그래서 지금 이 곳에 없다)
　　　　(b) He *has been* in Cheju-do.
　　　　　그는 제주도에 **간 적이 있다**.
　　　　(c) He *has been to* Cheju-do.
　　　└　그는 제주도에 **갔다 돌아온 참이다**.

(c)는 (b)와 마찬가지로「제주도에 간 적이 있다」라는 의미로 사용될 때도 있다.

3. 현재완료는 또한「쭉 …하고 있다」라는 뜻으로 과거로부터 지금까지 상태의 계속을 나타낸다.

- During the course of this delightful tour, I *have thought* of you perpetually.
  이 즐거운 여행 기간 내내 나는 너를 **생각했다**.

- The English *have*, for nearly a thousand years, *been* free of domination by foreign powers.
  영국인은 약 1,000년 동안이나 외국의 지배를 **계속** 모면해 왔다.

〈비교〉 ┌ She *has been* ill for a week.
　　　　　그녀는 1주일 전부터 **앓고 있다**.
　　　　　(has been은 현재완료로 상태의 계속을 나타낸다)
　　　　She *has been learning* French for three years.
　　　　　그녀는 3년 전부터 프랑스어를 **배워 왔다**.
　　　└　(has been learning은 현재진행 완료형으로 동작의 계속을 나타낸다)

중요 문법사항을 포함한 문장 13

133 had done
해 버렸었다

When mother came back, I had done my homework.

[해석] 어머니가 돌아왔을 때 나는 숙제를 **끝내버렸다.**

[설명]

1. had + 과거분사의 형, 즉 과거완료는 과거의 어떤 시점까지의 동작의 완료를 나타낸다. 위 문장 중의 had done은 「…해 버렸었다」「…하는 동작이 완료되어 있었다」라는 뜻이다.

   - When I called on Dora, she *had* already *finished* dressing herself.
     내가 도라를 방문했을 때 그녀는 이미 옷입는 것을 **끝냈었다.**
   - After getting down from the streetcar, I remembered that I *had left* my briefcase in it.
     전차에서 내리고 나서야 나는 서류 가방을 전차 속에 **놓고 내린** 것이 생각났다.

2. 과거완료는 「…한 적이 있었다」라는 뜻으로 과거의 어떤 시점까지의 경험을 나타낼 때도 있다.

   - Walking along the side street today, I was surprised to find a bookshop that I *had never noticed* before.
     오늘 골목길을 걷다가 전에는 **본 적이 없는** 서점을 발견하고 놀랐다.
   - The dog was inclined to bite a man in uniform, and *had* already *been* guilty of the crime of attacking a policeman.
     그 개는 제복을 입은 사람을 무는 버릇이 있어, 이미 경관을 습격한 죄를 범한 **적이 있었다.**

3. 과거완료는 또한 「쭉 …하고 있었다」라는 뜻으로 과거의 어떤 시점까지의 상태의 계속을 나타낼 때도 있다.

- She was thirty-one years old, and *had been married* eight years.
  그녀는 31살이고 **결혼한 지** 8년이 지났다.
- The range that *had been* palely visible in the moonlight was now a deep green meeting the blue of the sky.
  달빛에 창백하게 **보였던** 산맥은 이제 푸른 하늘에 접해서 짙은 녹색으로 되어 있었다.

요컨대 과거완료는 기준점을 과거에 둔 표현법이다.

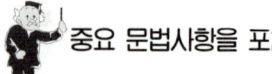

중요 문법사항을 포함한 문장 14

134 shall have done
해 버렸을 것이다

> I **shall have done** my homework
> by the time mother comes back.

해석 어머니가 돌아오실 때까지는 나는 숙제를 **끝내 버렸을 것이다.**

설명

1. shall(또는 will)+have+과거분사의 형, 즉 미래완료는 우선 「…해 버렸을 것이다」라는 뜻으로 미래의 어떤 시점까지의 동작의 완료를 나타낸다. 위 문장 중의 "shall have done"은 이러한 의미로 사용된 것이다.

   - By the end of this year the new school house *will have been completed*.
     금년말까지는 새로운 학교 건물이 **완성될 것이다.**
   - A part of the railroad in this city *will have been replaced* by the subway by April next.
     이 도시 철도의 일부가 다음 4월까지 지하철로 **대체될 것이다.**

2. 또한 미래완료는 「…하게 될 것이다」라는 뜻으로 미래의 어떤 시점까지의 경험이나 계속을 나타낸다.

   - He *will have visited* many countries by the end of his trip.
     그가 여행을 끝마칠 때에는 여러 나라를 **방문하게 될 것이다.** (경험)
   - She *will have been* ill in bed for a month tomorrow.
     그녀는 내일이면 한 달 동안 병으로 누워 **있게 되는 것이다.** (계속)

Test Yourself!

다음을 우리말로 옮기세요.

1. Everyone who is today around fifty years of age has seen in his lifetime a succession of wars and revolutions.
   hint around = about : 약   lifetime : 일생, 생애   succession : 연속

2. Although the atomic age has begun, we are still far from using atomic energy for industrial and other useful purposes.
   hint atomic energy : 원자력   industrial : 공업상의

3. When after an eternity of sailing across the ocean, he sighted land on the morning of 12 October, 1492, he thought he had reached the West Indies.
   hint an eternity of ... : 끝없는 ...   the West Indies : 서인도 제도

4. I have read that it is impossible to remember things which have happened to one, as they really were.
   hint as ... : ...대로, ...과 같이

5. Just as a language such as English, French, or German is a reflection of the culture which has produced it, the language spoken by any person is, in part, a reflection of his own personality.
   hint reflection : 반영   in part : 부분적으로   personality : 개성

6. Philosophy, said Plato, begins in wonder. The child who wonders why her wax doll shuts its eyes, or her kitten wags its tail, has already set forward on the path that leads to philosophy and science.
   hint wag : 흔들다   set forward : 출발하다

Answer

1. 오늘날 50대의 사람이면 누구나 그의 생애에 있어 일련의 전쟁과 혁명을 보아 왔다.

2. 원자력 시대가 시작되었지만, 원자력을 공업상의 목적과 그 이외의 유익한 목적을 위해서 이용하는 단계에 이르기엔 아직 멀었다.

3. 대양을 가로질러 끝없이 항해한 후 1492년 10월 12일 아침, 육지를 발견했을 때 그는 서인도 제도에 도착했다고 생각했다.

4. 자기의 신상에 일어난 일들을 있는 그대로 기억한다는 것은 불가능한 일이라고 책에서 읽은 적이 있다.

5. 영어, 프랑스어, 독일어 등과 같은 언어가 그것을 만들어낸 문화를 반영하는 것처럼 어떤 사람이 하는 말은 부분적으로 그 자신의 개성을 반영한다.

6. 철학은 의문에서 시작된다고 플라톤은 말했다. 자기가 가지고 있는 밀랍인형이 왜 눈을 감는지, 혹은 새끼 고양이가 왜 꼬리를 흔드는지 이상하게 여기는 어린이는 이미 철학과 과학에 이르는 길에 한 걸음 나아가고 있는 것이다.

중요 문법사항을 포함한 문장 15

135 I shall ...
나는 …할 것이다

I shall be punished if I do it.

해석 그런 일을 하면 나는 처벌을 받을 것이다

어구 punish : 벌하다

설명

1. 1인칭에 쓰인 "shall"은 위 문장처럼 「…할 것이다」라는 의미로 단순 미래를 나타낸다. (미국에서는 will을 사용한다)

    - *I shall* have to pay my debts by the end of this year.
      나는 금년 말까지는 빚을 갚지 않으면 안 될 **것이다**.
    - If we don't go by taxi, *we shall* not be in time for the 8:30 train.
      택시로 가지 않는다면 **우리는** 8시 30분 기차 시간에 대지 못할 **것이다**.

2. 2인칭, 3인칭에 사용된 shall은 「너에게 …하게 하겠다」「그에게 …하게 하겠다」의 뜻으로 화자(I)의 의지를 나타낸다.

    - *You shall* have the money as soon as I can get it.
      그 돈이 들어오는 대로 **너에게 주겠다**.
    - *She shall not* regret what she has done.
      그녀가 한 일을 **그녀에게** 후회되지 **않게 하겠다**.

3. shall을 1인칭 의문문에 사용하는 경우, 즉 "Shall I …?"에는 두 가지 의미가 있다. 하나는 단순미래(의지를 나타내지 않는 미래)로 「…할까요?」이고, 다른 하나는 상대방의 의지를 묻는 경우로 「…하여 드릴까

요?」「…할까요?」이다.

- *Shall I* be in your way if I stay here?
  내가 여기에 있으면 당신께 폐가 **될까요**? (단순미래)
- *Shall I* come here next Saturday?
  다음 토요일에 여기로 **올까요**? (상대방의 의지를 묻는 경우)

4. 2인칭 의문문 "Shall you …?"는 단순미래로서 「당신은 …할까요?」라는 뜻이고, 3인칭 의문문 "Shall he …?"는 상대방의 의지를 묻기 때문에 「그를 …하게 할까요?」라는 뜻이다.

- *Shall you* need my help?
  당신은 내 도움이 **필요합니까**?
- *Shall the maid* accompany you to the station?
  그녀가 역까지 당신을 바래다 주게 **할까요**?

중요 문법사항을 포함한 문장 16

136 I will ...
나는 …할 작정이다

I will take care not to do it again.

해석 다시는 그런 짓을 하지 않도록 주의**하겠습니다**.

설명

1. 1인칭에 사용된 will, 즉 "I will ..."은 「나는 …하겠다」「나는 …할 생각이다(작정이다)」의 뜻으로 의지미래를 나타낸다.

    - *I will* come before supper, as I want to have a private talk with you.
      나는 당신과 개인적인 이야기를 하고 싶기 때문에 저녁 식사 전에 찾아뵙**겠어요**.

    - *I will* never again taste a drop of spirit.
      술은 한 모금도 마시지 않**겠다**.

2. 2인칭, 3인칭에 사용된 will은 단순미래를 나타낸다. "You will ..."은 「너는 …일 것이다」, "He will ..."은 「그는 …할 것이다」라는 의미이다.

    - *You will* get there in time if you go now.
      지금 가면 **너는** 시간에 늦지 않게 그곳에 도착**할 것이다**.

    - The *next war will* be more cruel than can be imagined.
      다음 전쟁은 상상 이상으로 잔혹한 것이 **될 것이다**.

3. 2인칭 의문문 "Will you ...?"는 상대방의 의지를 묻는 것으로서 「당신은 …하여 주시겠습니까?」라는 뜻이고, 3인칭 의문문 "Will he ...?"는 단순미래로 「그는 …할까?」의 뜻이다.

- *Will you* let me have a look at that letter?
  그 편지를 좀 보여 **주시겠습니까**?
- *Will my son* be able to pass the entrance examination next spring?
  내 아들이 내년 봄 입학시험에 합격할 수 있을**까요**?

4. will이 주어의 강한 의지나 습관을 나타낼 때가 있다.

- *He will* bite his nails, whatever I say.
  내가 뭐라고 하든 간에 **그는** 손톱을 깨무는 것을 **그치지 않는다**.
- *You will* smoke all day long and then complain of a sore throat.
  너는 하루 종일 담배를 피우고 나서 목이 아프다고 투덜거리**곤 한다**.

중요 문법사항을 포함한 문장 17

137 should ...
...해야 한다

You **should** pay what you owe.

해석 빚진 것은 갚아야 한다.

어구 owe[ou] : 빚지고 있다

설명

1. 주어의 인칭에 관계없이 "should"는 「...해야 한다」라는 의미로 사용될 때가 있다. (=ought to)

    • Everyone *should* be respected as an individual, but no one idolized.
    모든 사람은 한 개인으로서 존경받아**야 하지만**, 아무도 우상화되어서**는 안 된다**.

    • As you could not find him you *should* have told it to his wife.
    그를 찾을 수 없었기 때문에 너는 그의 부인에게 그것을 말**했어야** 했다. (should 다음에 완료형이 오는 경우에는 「...해야 했었다」라는 의미로 유감의 뜻을 포함한다)

    〈비교〉 (a) He said that I *should* obey my parents.
    부모님의 말씀에 순종**해야 한다**고 그는 말했다.

    (b) He said that he *should* be in time.
    그는 시간 내에 당도**할 것이라**고 말했다.

직접화법으로 말하면 (a)는 He said, "You should obey your parents." (b)는 He said, "I shall be in time."이 된다. (a)의 should는 「...해야 한다」라는 의미이고, (b)의 should는 주절의 동사가 said로 과거형이기 때문에 시제의 일치에 따라 shall의 과거형으로 변한 것으로 「...일 것이다」라는 의미이다.

2. 주절이 "It is natural ..." "It is strange ..." "It is necessary ..." "It is good ..." "It is wrong ..." 등인 경우에도 다음에 오는 종속절에서 일반적으로 should를 사용한다. 이 should도 주어의 인칭에 관계없이 사용되지만, 이것을 굳이 우리말로 옮길 필요는 없다.

- *It is strange* that cherry-blossoms *should* come out at this time of the year.
  벚꽃이 이맘때 피다니 **이상하다**.
- *It is a pity* that such a promising youth as he *should* have killed himself.
  그와 같이 유망한 청년이 자살했다는 것은 **유감이다**.
  (should 다음에 완료형이 오는 경우에는 과거를 나타낸다)

3. "should"는 완곡한 표현에 쓰일 때도 있다.

- I *should* think that she is under thirty.
  그녀는 서른 미만으로 생각됩니다만(**어떻게 생각하십니까**).
  (I think ...보다도 완곡한 표현)
- I *should* say the greatest disaster that can possibly happen to men is a nuclear war.
  인류에게 일어날 수 있을 법한 최대의 재해는 핵전쟁이라고 나는 말**하고자 합니다**.

중요 문법사항을 포함한 문장 18

138 would ...
곧잘 …하곤 하였다

> He **would** come to see me with his child.

[해석] 그는 자기의 아이를 데리고 곧잘 나를 보러 오곤 하였다.

[설명]

1. "would …"는 앞서 말한 바와 같이 「곧잘 …하곤 하였다」라는 뜻으로 과거의 습관을 나타내는 데 사용된다. (문형 118 참조)

   • Her husband *would* often drink on his way home from work.
     그녀의 남편은 퇴근 후 집으로 돌아오는 길에 **자주** 술을 마시**곤 했다**.

   • Father *would* take us to the movies when he was free.
     아버지는 여가만 있으면 우리들을 **곧잘** 영화관에 데리고 가시**곤 하였다**.

   〈비교〉
   (a) When he got drunk, he *would* sing.
       그는 취하면 **곧잘** 노래를 부르**곤 하였다**.
   (b) He thought he *would* work hard.
       그는 열심히 공부**하려고** 생각했다.

   (a)의 would는 「곧잘 …하곤 하였다」라는 뜻, (b)의 would는 시제의 일치로서 will이 과거형으로 되었으며 「…하려고」라는 뜻이다.

2. "would …"는 부정어와 함께 「도무지 …하지 않았다」라는 의미로 사용되는 경우도 있다.

   • I advised him not to climb the mountain alone, but he *would not* listen to me.
     나는 그에게 혼자서 등산하지 않도록 충고했지만, 그는 **도무지** 내 말에 귀를 기울이지 **않았다**.

- She tried to get her shoes into the suitcase, but they *would not* go in.
  그녀는 구두를 여행가방 속에 집어넣으려 했지만, **도무지** 들어가지 **않았다**.

3. "would"가 "wish to", 혹은 "I wish"의 의미로 사용될 때도 있다.

    - He who *would* catch fish, must not mind getting wet.
      물고기를 잡고 **싶은** 사람은 물에 젖는 것을 꺼려서는 안 된다.
      (호랑이굴에 가야 호랑이 새끼를 잡는다) (would = wish to)

    - *Would* that I were young again.
      다시 한 번 젊어질 수 있다면 좋으련만. (would = I wish)

4. 정중한 표현이나 겸손한 표현에 "would"를 사용한다.

    - *Would* you please tell me the way to Bond Street?
      죄송합니다만 본드가로 가는 길을 가르쳐 **주시겠습니까?**
      (Will you ...보다도 정중한 표현)

    - I *would* like to live till you keep house for yourself.
      네가 자립하여 가정을 가질 때까지 살고 싶다**만**.
      (I would like to live는 I want to live보다 겸손한 표현)

중요 문법사항을 포함한 문장 19

139 cannot be ...
…일 리가 없다

> He **cannot be** so old.

해석 그가 그렇게 나이를 먹었을 리가 없다.

설명

1. "cannot"의 기본적인 의미는 「…할 수 없다」이지만, 다음에 동사(주로 be동사)가 오면 「…할 리가 없다」라는 의미가 된다.

    • It *cannot be* a star as it is moving.
      그것은 움직이고 있기 때문에 별**일 리가 없다**.

    • I thought it *couldn't be* a palace, though it was so grand.
      나는 그것이 매우 웅장하지만, 궁전**일 리가 없다**고 생각했다.

2. "Can ...?"도 보통은 「…할 수 있을까?」의 의미이지만 다음에 be동사가 올 경우에는 「…일 리가 있을까?」「과연 …일까?」의 의미가 된다. (일반적으로 cannot ...과 같은 의미이다)

    • *Can* the girl *be* his child? She does not resemble him at all.
      그 소녀가 저 사람의 아이**일 리가 있을까**? 그녀는 그를 조금도 닮지 않았다.

    • *Can* he *be* a rascal when he has shown me such warm hospitality?
      그처럼 나를 따뜻하게 환대해 주었는데, 그 사람이 **과연** 악당**일까**?

3. cannot have + 과거분사는 「…했을 리가 없다」, Can ... have + 과거분사?는 「…했을 리가 있을까?」라는 뜻이 된다. 즉 행위는 과거이고, 추정은 현재이다.

- He started by plane, but he *cannot have arrived* at the scene.
그는 비행기로 출발했지만, 아직 현장에 **도착했을 리가 없다**.
- *Can* he *have said* that he was going to Africa to hunt elephants?
그는 코끼리 사냥하러 아프리카에 간다고 **과연 말했을까**?

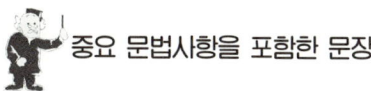

중요 문법사항을 포함한 문장 20

140 may be ...
…일지도 모른다

The news **may be** true.

해 석 그 뉴스는 사실*일지도 모른다*.

설 명

1. "may"는 「…해도 좋다」 외에도 「…일지도 모른다」라는 의미로 쓰인다. 이 경우 위 문장처럼 may 다음에 종종 be동사가 온다.

   - He *may* not *be* able to arrive on time owing to the street blockade.
     그는 도로 봉쇄 때문에 정시에 도착할 수 없을**지도 모른다**.

   - I thought I *might be* late, but I managed to be in time for my lesson.
     나는 지각할**지도 모른다**고 생각했지만, 그럭저럭 수업시간에 대었다.

2. may have + 과거분사는 「…했을지도 모른다」라는 의미를 나타낸다. "cannot have ..."와 마찬가지로 행위는 과거, 추정은 현재이다.

   - She has not turned up yet. She *may have changed* her mind.
     그녀는 아직 나타나지 않았다. 마음이 **변했는지도 모른다**.

   - The thief *may have entered* at the kitchen door, which, I suppose, *may not have been locked*.
     도둑은 부엌문으로 **들어왔을지도 모른다**. 그 문은 **잠겨 있지 않았을 것이라고** 나는 생각한다.

3. may가 "can"의 의미로 사용될 때도 있다.

- You *may* call him a good scholar, but you cannot call him a gentleman.
  그를 훌륭한 학자라고 부를 **수는 있지만** 신사라고 부를 수는 없다.

- God *may* be said to be a poor artist, because he made people different in making them alike.
  하느님은 똑같이 닮은 인간을 만들려고 했는데, 각기 다른 인간을 만들었기 때문에 솜씨 없는 예술가라고 말할 **수 있다**.

중요 문법사항을 포함한 문장 21

141 must be ...
…임에 틀림없다

> She looks pale. She **must be** ill.

해석 그녀는 안색이 나쁘다. 건강이 좋지않음에 틀림없다.

어구 pale : (안색이) 창백한

설명

1. "must"는 「…하지 않으면 안 된다」라는 의미 이외에 「…임에 틀림없다」라는 의미로 사용된다. 이 경우에도 must 다음에 종종 be동사가 온다.

    - It *must be* a mistake on my part.
      그것은 내 쪽에 잘못이 **있음에 틀림없다**.
    - She *must know* that her husband has something besides his salary.
      그녀는 남편이 봉급 이외에 뭔가 가지고 있는 것을 **알고 있음에 틀림없다**.

2. must have + 과거분사는 「…했음에 틀림없다」라는 의미를 나타낸다. 행위는 과거, 추정은 현재이다.

    - I *must have lost* my purse while I was running to catch the bus.
      버스를 타려고 달려가고 있던 중에 지갑을 **잃어버렸음에 틀림없다**.
    - This poem *must have been written* by some famous poet.
      이 시는 어떤 유명한 시인에 의하여 **쓰여졌음에 틀림없다**.

Test Yourself!

다음을 우리말로 옮기세요.

1. I am determined to cut a tunnel through the hillside for myself. Nothing shall hinder me from accomplishing the task.
   hint be determined : 결심하다   cut : 뚫다   hinder : 방해하다, 지체시키다

2. Even the best technicians should also be good citizens; and when I say "citizens", I mean citizens of the world and not of this or that nation.
   hint technician [tekníʃən] : 기술자   citizen : 시민

3. An oyster looks so ungainly that a certain writer in England said, "It must have been a very brave man who first ate it."
   hint oyster : 굴   ungainly : 볼품없는, 몰골사나운

4. I have never understood why we should tolerate the din of motor-cycle engines just because some of the young men who ride them take satisfaction in their explosive racket.
   hint tolerate : 참다   din : 소음   motorcycle : 오토바이
   take satisfaction in ... : ···에 만족을 느끼다   explosive : 폭발성의
   racket = din

5. When it was time for me to go, he insisted on accompanying me to the corner where I could take the streetcar back to the hotel. I protested that I was perfectly capable of getting there by myself, but he would not hear of it.
   hint insist on ~ing : ~할 것을 주장하다   accompany : 동반하다
   corner : 길모퉁이   protest : 항의하다   be capable of ~ing : ~할 수 있다

6. In the present instance it seems quite possible that there may be no defence against atomic missiles. But this does not necessarily presage the end of war.
   hint instance : 경우   defence against ... : ···에 대한 방어
   not necessarily ... : 반드시 ···은 아니다   presage = predict : 예언하다

7. She should have told it to him when she found his failure.
   hint failure [féiljər] : 실패

8. I didn't think it was so difficult, but I may have made some minor mistakes in my translation.
   hint minor[máinər] : 작은

9. Questions of education are frequently discussed as if they bore no relation to the social system in which the education is carried on. This is one of the reasons for the unsatisfactoriness of the answers.
   hint bear no relation to ... : …와 아무런 관계도 없다   social system : 사회제도
   carry on : 시행하다   unsatisfactoriness : 불만족

Answer

1. 나는 혼자 힘으로 산허리에 굴을 뚫을 결심을 했다. 그 무엇도 그 임무를 완수하는 것을 방해하지 못할 것이다. (어떤 일이 있어도 그 임무를 완수할 것이다)

2. 가장 뛰어난 기술자라도 동시에 선량한 시민이 되지 않으면 안 된다. 그리고 내가 '시민'이라고 말하는 것은 세계의 시민이라는 의미이고, 이 나라의 시민이라든가 저 나라의 시민이라는 의미는 아니다.

3. 굴은 너무도 볼품없게 보이기 때문에 영국의 어느 작가는 "굴을 처음으로 먹었던 사람은 진실로 용감한 사람임에 틀림없다"라고 말했다.

4. 오토바이를 타는 젊은이들이 오토바이의 폭발성 소음에 만족을 느낀다는 단지 그 이유만으로 왜 우리가 오토바이 엔진의 소음을 참아내지 않으면 안 되는지 나는 조금도 이해가 가지 않는다.

5. 내가 시간이 되어서 떠나려고 하는데, 그는 굳이 호텔로 돌아가는 전차 승강장이 있는 모퉁이까지 나를 바래다 주겠다고 고집을 피웠다. 나는 그곳까지 혼자서도 충분히 갈 수 있다고 사양했지만, 그는 내 말을 조금도 들으려 하지 않았다.

6. 현재 단계에서 원자 미사일에 대한 방어법이 없을 것이라는 것은 정말인 것 같다. 그러나 이것은 반드시 전쟁의 종말을 예언하는 것은 아니다.

7. 그의 실패를 알았을 때 그녀는 그에게 그것을 말했어야 했다.

8. 나는 그것을 그다지 어렵다고 생각하지 않았지만 번역을 할 때 대수롭지 않은 몇 가지 실수를 했을지도 모른다.

9. 교육의 문제는 교육이 실시되고 있는 사회제도와는 마치 아무런 관계도 없는 것처럼 자주 논의된다. 이것이, 교육문제에 대한 대답이 만족스럽지 못한 이유 중의 하나이다.

중요 문법사항을 포함한 문장 22

142 If it be true ...
만일 그것이 사실이라면 …

If it be true, the paper will report it.

[해석] 만일 그것이 사실이라면 신문이 그것을 보도할 것이다.

[설명]

1. 위 예문의 be는 가정법 현재의 동사(동사의 원형)로서 다소 예스러운 표현이다. 현대 영어에서는 일반적으로 is를 사용한다.

    - *If it be done immediately*, it will not matter how.
      만일 그것이 즉시 **실시된다면** 어떤 방법으로 실시되는가는 문제가 아니다. (현대 영어에서는 If it is done ...)

    - *If he do not do his best*, he will not be able to complete the task.
      최선을 다하지 **않는다면** 그는 그 임무를 완성할 수 없을 것이다.
      (현대 영어에서는 If he does not do ...)

2. 가정법 현재의 동사는 기원을 나타내는 데 사용된다.

    - The Lord *have* mercy upon us! 하느님이 자비를 **베푸소서**!
    - Peace *be* with all the world! 전세계에 평화가 **깃들기를**!

3. 가정법 현재의 동사가 다음과 같이 양보를 나타내는 절 가운데에 사용될 때도 있다.

    - Home is home, *be* it ever so humble.
      아무리 초라**해도** 가정은 가정이다.
    - *Laugh* as much as you like, I shall stick to my plan to the bitter end.
      네가 아무리 **웃어도** 나는 끝까지 내 계획을 버리지 않을 거야.

중요 문법사항을 포함한 문장 23

143 If it should rain ...
만일 비가 온다면 ...

If it should rain tomorrow, I should stay here.

[해석] 내일 만일 비가 온다면, 나는 여기에 머물러 있겠어.

[설명]

1. 「만일 …라면」이라는 표현에 사용된 "should"는 「만일」이라는 뜻을 나타낸다.

   - *If the wind should be strong this afternoon*, the test would end in a failure.
   만일 오늘 오후에 바람이 강하게 불면, 그 테스트는 실패로 끝날 것이다.

   - *If she should ever hear of this*, there will be a terrible trouble.
   만일 그녀가 이것을 듣는다면, 큰 소동이 일어날 것이다.

2. If를 생략하고 should를 문장이나 절의 첫머리에 낼 때도 있다.

   - *Should a nuclear war break out*, all of us would be killed.
   만일 핵전쟁이 일어난다면, 우리들은 모두 죽게 될 것이다.
   (Should a nuclear war ... = If a nuclear war should ...)

   - You will soon be bankrupt, *should you continue in your present extravagant way of living*.
   만일 지금같은 호화스러운 생활을 계속한다면, 너는 곧 파산할 것이다.
   (should you ... = If you should ...)

3. should 대신에 "were to"를 사용하여도 의미는 대체로 마찬가지이다.

- If he *were to* call in the afternoon, tell him I have gone out on business.
  오후에 그가 찾아온다**면** (아마도 그런 일은 거의 없겠지만), 용무가 있어 나갔다고 말해 줘.
- If some one *were to* give you a million dollars, what would you do?
  만일 누군가가 100만 달러를 준다**면** (그런 일은 없겠지만), 당신은 어떻게 하시겠습니까?

중요 문법사항을 포함한 문장 24

144 If I were ...
만일 내가 …라면

If I were young, I would join the expedition.

[해석] 만일 내가 **젊다면**, 탐험대에 참가할 텐데.

[어구] expedition : 탐험대

[설명]

1. 「만일 …라면」이라는 부분의 동사가 과거(이른바 가정법 과거)인 경우에는 「현재 그렇지 않지만 만일 그러하다면」 또는 「현재는 그렇게 하지 않지만 만일 그렇게 한다면」이라는 뜻이 된다. be 동사는 위 예문과 같이 주어의 인칭에 관계없이 "were"가 사용된다.(문형 35 참조)

   - *If he were not my senior*, I would teach him better manners.
     만일 그가 **연장자만 아니라면**, 행실을 바르게 하도록 가르쳐 주겠다만.

   - These biographies would be valuable *if they were related to the facts*.
     이 전기들이 **사실과 연관된 것이라면**, 가치가 있겠지만.

   - *If I knew the truth*, I would tell it to you.
     만일 내가 **진실을 알고 있다면**, 너에게 그것을 이야기할 텐데.

2. If가 생략되면 were 혹은 조동사가 문장 머리에 나온다.

   - *Were I interested in music*, I would accompany you to the music hall.
     내가 음악에 흥미가 있다면, 너와 함께 음악회에 갈 텐데.
     (Were I ... = If I were ...)

   - *Could I see her once more*, all my desires would be fulfilled.
     만일 그녀를 한 번 더 만날 수 있다면, 내 희망은 모두 이루어질 텐데.
     (Could I ... = If I could ...)

3. I wish ... 과거형은 현재 사실에 반대되는 희망을 말하는 것으로, 「…이면 좋겠는데」 또는 「…할 수 있으면 좋겠는데」 등의 의미를 나타낸다. (문형 138 참조)

- *I wish* it *were* fine today.
  오늘 날씨가 개면 **좋겠는데**.
  (= I am sorry it is not fine today.)

- *I wish* I *could* speak English as fluently as you.
  너만큼 유창하게 영어를 말할 수 있다면 **좋겠는데**.
  (= I am sorry I cannot speak English fluently so as you.)

중요 문법사항을 포함한 문장 25

145 If I had been ...
만일 내가 …이었다면

If I had been rich, I should have bought the land.

[해석] 만일 내가 부자였다면, 그 토지를 샀을 텐데.

[설명]

1. 문장의 동사가 위 예문의 had been과 같이 과거완료형(이른바 가정법 과거완료)인 경우에는 과거 사실의 반대를 상상하여 「만일 …이었더라면」 또는 「만일 …하고 있었다면」의 뜻을 나타낸다. should have bought는 「샀었을 것이다」라는 의미이다.

   - He would have long ago bought a car *if he had been able to afford it*.
     만일 여유가 있었더라면, 그는 벌써 오래 전에 자동차를 샀었을 것이다.

   - *If you had been born in the sixteenth century*, very few of you would have reached the age of sixty.
     만일 여러분들이 16세기에 태어났더라면, 여러분들 중 극소수만이 60세까지 살 수 있었을 것이다.

2. 이 같은 표현법에서는 if가 생략되어 조동사 had가 문장 머리에 나오는 수가 있다.

   - *Had I known that she was married*, I would not have called her for a drive.
     그녀가 결혼했다는 것을 내가 알고 있었다면, 드라이브하자고 불러내지 않았을 것이다. (Had I ... = If I had ...)

   - *Had you not come home yesterday*, I should have had to go there myself.
     네가 어제 집에 돌아오지 않았다면, 내가 거기에 가지 않으면 안 되었을 것이다. (Had you ... = If you had ...)

3. I wish ... 과거완료형은 과거의 사실에 반대되는 희망을 말하는 것으로서 「…이었더라면 좋았을 텐데」 또는 「…할 수 있다면 좋았을 텐데」 등의 의미를 나타낸다.

- It must have been a wonderful party. *I wish* I *had joined* it.
  멋진 파티였음에 틀림없군요. 제가 **참석했더라면 좋았을 텐데**.
  (= I am sorry I did not join it.)

- I *wish* I *had never seen* him.
  그를 **보지 않았더라면 좋았을 텐데**. (= I am sorry I saw him.)

중요 문법사항을 포함한 문장 26

146 Unless ...
만일 …하지 않으면

Unless you work hard, you will lose your present position.

해석 열심히 일하지 않으면, 당신은 현재의 지위를 잃을 것입니다.

설명

1. 조건을 나타내는 데 if 이외의 접속사를 사용할 때가 있다. "Unless"가 그 중 하나이다. 이것은 「만일 …하지 않으면」「…하지 않는 한」의 뜻으로 부정의 의미를 가진 접속사이다. (= If ... not)

   • *Unless* you take better care of yourself, you will get ill.
   더욱더 건강에 주의하지 **않으면**, 너는 병에 걸릴 것이다.
   (Unless you take ... = If you do not take ...)

   • *Unless* you leave this room, I will chuck out your trunk from the window.
   이 방에서 나가지 **않으면**, 네 트렁크를 창문 밖으로 던져 버리겠다.
   (Unless you leave ... = If you do not leave ...)

2. "If …"대신에 "in case …", "supposing …", "provided …", "providing …" 등이 사용된다. 또한 "granted …", "granting …"은 「만일 …일지라도」의 뜻으로 사용된다. (= even if)

   • I will call on him again tomorrow, *in case* he should be absent.
   그가 **만일** 없다면, 내일 다시 방문하겠습니다.

   • *Suppose* you were to become Governor, what would you do first of all?
   만일 당신이 도지사가 된다고 **하면**, 우선 첫째로 무엇을 하겠습니까?

- *Granted* he should refuse our request, we should continue our work without being disappointed.
  설사 그가 우리의 요구를 거절할지**라도**, 실망하지 않고 일을 계속해야 한다.

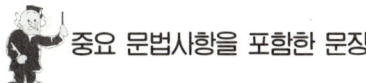

중요 문법사항을 포함한 문장 27

147 But for ...
…이 없으면

But for air, we could not live.

해석 공기가 없으면, 우리들은 살 수가 없을 것이다.

설명

1. "But for ..."는 「…가 없으면」의 의미로 사용된다. "If it were not for ..."「만일 …이 없으면」(가정법 과거)과 같은 의미가 될 때도 있으며, "If it had not been for ..."「만일 …이 없었더라면」(가정법 과거완료)의 의미가 될 때도 있다. 위 예문은 "If it were not for air ..."로 바꿔 쓸 수 있다.

   - *But for* water, the earth would be a desert.
     물이 없으면, 지구는 사막이 될 것이다.
     (But for water ... = If it were not for water ...)

   - *But for* the wind, the ship would have reached the port in due time.
     바람이 없었더라면, 그 배는 예정된 시간에 항구에 도착했을 것이다.
     (But for the wind ... = If it had not been for the wind ...)

2. "Without ..."도 "But for ..."와 같은 의미로 사용된다.

   - *Without* electricity, industry would not prosper.
     전기가 없으면, 공업은 번영하지 못할 것이다.
     (Without electricity ... = If it were not for electricity ...)

   - *Without* the photograph, they could not have arrested the criminal.
     사진이 없었더라면, 그들은 범인을 체포하지 못했을 것이다.
     (Without the photograph ... = If it had not been for the photograph ...)

중요 문법사항을 포함한 문장 28

148 To see the girl, ...
그 소녀를 만나면 …

To see the girl, I am sure you would love her.

해석 그 소녀를 만나면, 틀림없이 너는 그녀를 좋아하게 될 거야.

설명

1. 위 문장과 같이 때로는 부정사(to ...)가 조건을 나타내어 「…하면」이라는 의미가 되는 경우가 있다. (To see ... = If you were to see ...)

   - *To hear him talk*, you would think he was crazy.
     그가 이야기하는 것을 들으면, 너는 그가 미쳤다고 생각할 것이다.
     (To hear ... = If you were to hear ...)

   - It would have been wiser *for you to have talked with him about the matter*.
     그 문제에 대해서는 그와 상의하는 편이(그와 상의했더라면) 더 현명했을 것이다.
     (for you to have talked ... = if you had talked ...)

2. 때로는 주어가 조건을 나타내는 수가 있다.

   - *A sensible girl* would never go to such a place at night.
     현명한 여자라면, 밤에 그런 곳에 결코 가지 않을 것이다.
     (A sensible girl would never go ... = If she were a sensible girl, she would never go ...)

   - *A true friend* would have acted differently.
     진정한 친구였다면, 달리 행동하지는 않았을 것이다.
     (A true friend would have acted ... = If he/she had been a true friend, he/she would have acted ...)

3. 다음과 같이 부사 혹은 부사구가 조건을 나타낼 때도 있다. 앞서 설명한 "But for ...", "Without ..."는 부사구이다. 다른 예를 들어 보자.

- Do what you are told; *otherwise* you will be punished.
  하라는 대로 하세요. **그렇지 않으면**, 당신은 벌을 받게 될 겁니다.
  (otherwise = if you do not do what you are told)

- *With a little more patience*, you would have succeeded.
  조금 더 참았더라면, 너는 성공했을 텐데.
  (With a little more patience = If you had done it with a little more patience)

중요 문법사항을 포함한 문장 29

149 Work hard, and ...
열심히 공부해라, 그러면 ···

Work hard, and you will be able to get full marks.

[해석] 열심히 공부해라, 그러면 만점을 받을 거야.

[어구] and : 그렇게 하면   full marks : 만점

[설명]

1. 명령형 + and는 「…해라, 그러면」「…하면」이라는 의미이다. 즉 조건을 나타내는데, 위 문장을 if를 사용하여 고쳐 보면

   "If you work hard, you will …"가 된다.

   - *Talk of the devil, and* he will appear.
     악마의 이야기를 하면, 악마가 나타날 거야.
     (= 호랑이도 제 말 하면 온다)
     (Talk of the devil, and he will … = If you talk of the devil, he will …)

   - *Start early, and* you are master of your program and your fate.
     일찍 시작해라, 그러면 너는 너의 계획과 운명을 지배하게 될 것이다.
     (Start early, and you are = If you start early, you are …)

2. 명령형 + or는 「…해라, 그렇지 않으면」「…하지 않으면」이라는 의미가 된다.

   - *Speak gently, or* you will frighten the patient.
     조용히 이야기하세요, 그렇지 않으면 환자가 놀랄 거예요.
     (Speak gently, or you will … = If you do not speak gently, you will …)

- *Read the book over several times, or* you will not understand the author's intention.
그 책을 여러 번 읽어 봐, 그렇지 않으면 저자의 의도를 알 수 없을 거야.
(Read the book ..., or you will ... = If you do not read the book ..., you will ...)

3. <u>명사＋and</u>가 조건을 나타낼 때도 있다.

- *One more such storm, and* the crops will be destroyed.
한번 더 그런 폭풍이 온다면, 작물은 못 쓰게 될 것이다.
(One more such storm, and the crops ... = If one more such storm comes on, the crops ...)

- *One more step, and* you would have fallen over the precipice.
한 발짝 더 나아갔더라면, 너는 절벽에서 떨어졌을 것이다.
(One more step, and you ... = If you had taken one more step, you ...)

Test Yourself!

다음을 우리말로 옮기세요.

1. Suppose some food gets into the windpipe; we cough until the food is driven out. All of these actions are called reflex actions.
   hint windpipe : 기관   cough [kɔːf] : 기침을 하다   reflex action : 반사작용

2. If Darwin had died young, someone else would certainly have put forward the theory of Natural Selection.
   hint put forward : 주창하다, 제출하다   Natural Selection : 자연도태

3. If a person takes the trouble to learn to appreciate the music of Mozart and Brahms, the chances are that he will not be so enthusiastic about the vulgar popular music of the present day.
   hint take the trouble to ... : 노고를 아끼지 않고 …하다   learn to ... : …하게 되다
   the chances are that ... = probably ... : 아마
   enthusiastic [enθùːziǽstik] : 열광적인   popular : 대중적인

4. A committee must not meet too soon after food, for then the committeemen would sleep; nor too soon before food, because then the committeemen would be excitable.
   hint meet : (회의 등이) 열리다   then (for 다음에 있는) = if a committee met too soon after food   committeemen : 위원   nor 다음에는 a committee must meet가 생략되어 있다   then (because 다음에 있는) = if a committee met too soon before food   excitable : 흥분하기 쉬운

5. If we were perpetually conscious of the insecurity of life and happiness we might easily become morbid, and lose our ardour in work and pleasure.
   hint perpetually : 끊임없이   insecurity : 불안정, 위험
   morbid : 병적인, 우울한   ardour : 열의

6. If the new French Republic should fail, he said, America's new ideas of freedom and justice would lose their chief support.

7. A careful examination of the things about us, like water, air, light, animals and plants, would lead to important and useful discoveries which would greatly benefit mankind.
   hint 주어가 조건을 나타낸다   examination : 고찰, 관찰
   benefit ... : (동사) …에게 이롭다

8. If you find yourself bored by a book that well-informed people regard as important and readable, be honest with yourself and confess that probably the difficulty is not in the book but in you.
   hint bored by ... : …에 싫증이 나다   well-informed : 전문적인 지식이 있는
   regard : 간주하다   readable : 읽어서 재미있는   confess : (과실, 약점 등을) 인정하다, 고백하다   be honest with yourself and confess ...를 직역하면 「당신 자신에 대하여 정직하시오, 그리고 …을 인정하시오」

9. No matter what your profession, or how happy you may be in it, there are moments when you wish you had chosen some other career.
   hint profession : 직업   career[kəríər] : 경력, 직업

10. The weather was of the sort that had it come on a Sunday, would have permitted the newspapers to report record-breaking crowds in the park.
    hint had it come ... = if it had come ...   permit ... to ~ : …이 ~하는 것을 허락하다, …으로 하여금 ~하게 하다(시키다)

Answer

1. 음식물이 기관(氣管)에 들어가면, 우리들은 음식물을 토해낼 때까지 기침을 한다. 이 같은 행위는 모두 반사작용이라고 불린다.

2. 만일 다윈이 젊어서 죽었다 하더라도, 다른 누군가가 반드시 자연도태설을 주창했을 것이다.

3. 만일 사람이 모짜르트나 브람스의 음악을 감상하게 될 정도의 노고를 아끼지 않는다면, 아마도 현대의 저속한 대중음악에 그토록 열광적으로 빠지지 않을 것이다.

4. 위원회는 식사 직후에 열리면 안 된다. 그렇게 하면 위원들이 졸기 때문이다. 또한 식사 직전에 열려서도 안 된다. 그렇게 하면 위원들은 흥분하기 쉽기 때문이다.

5. 만일 우리들이 생명이나 행복의 불안정을 끊임없이 의식하고 있으면, 우리들은 곧 우울해져서 일하는 데도 놀이에도 열의를 잃게 될 것이다.

6. 만일 새로 탄생한 프랑스공화국이 쓰러진다면 미국의 새로운 자유와 정의의 사상은 그 주요한 지주를 잃게 될 것이라고 그가 말했다.

7. 물, 공기, 빛, 동물, 식물과 같은 우리들의 주변에 있는 것들을 주의깊게 관찰하면, 인류에 크게 이익을 가져다 주는 중요하고 유익한 발견에 이르게 될 것이다.

8. 전문가가 중요하고도 재미있다고 여기는 책인데, 그 책을 읽고서 당신이 만일 지루함을 느낀다면, 문제는 책에 있는 것이 아니라 당신에게 있다는 것을(=책이 나쁜 것이 아니고 당신이 나쁘다는 것을) 정직하게 인정하시오.

9. 당신의 직업이 무엇이건 간에, 또한 당신이 그 직업에서 어떤 행복을 느끼던 간에, 당신은 무언가 다른 직업을 선택하였으면 좋았을 텐데 하고 생각할 때가 있는 법이다.

10. 날씨는, 만일 일요일이기라도 했더라면, 공원은 기록적인 인파로 붐볐다고 신문이 보도했을 만한 날씨였다.

중요 문법사항을 포함한 문장 30

150 Speaking English ...
영어를 말하는 것은 …

Speaking English is not easy for me.

[해석] 영어를 말하는 것은 나에게는 쉬운 일이 아니다.

[설명]

1. 동명사(~ing)가 위 예문과 같이 문장의 주어가 될 때가 있다. 또한 불완전동사의 보어, 타동사나 전치사의 목적어가 될 때도 있다.

    • My business is *teaching English* at a preparatory school.
    내 직업은 예비학교에서 **영어를 가르치는 것**이다.
    (teaching English는 보어)

    • I remember *being taken* to a hospital there.
    나는 거기에 있는 어떤 병원으로 **옮겨졌던 일**을 기억한다.
    (being taken은 remember의 목적어)

    • Our country has spent a great deal of money on *attracting visitors* from abroad.
    우리나라는 해외에서 **관광객을 유치하기 위해서** 많은 돈을 썼다.
    (attracting visitors는 on의 목적어)

2. having + 과거분사, 즉 완료형 동명사는 주절의 동사가 나타내는 때보다 앞선 때를 나타내는 것으로 「…이었다는 것」「…했다는 것」이라는 뜻이 된다.

    • He repents of *having married* her.
    그는 그녀와 **결혼한 것**을 후회하고 있다.
    (… of having married her = … that he married her)

- I was fortunate in *having been reared* in a Christian home.
  나는 기독교 집안에서 **자랐던 것**이 행운이었다.
  (in having been reared ... = that I had been reared ...)

3. 동명사는 "be on the point of ~ing"「바야흐로 ~하려 하고 있다」, "feel like ~ing"「~을 하고 싶다」, "make a point of ~ing"「~하기로 하고 있다」, "It goes without saying that ~"「~은 말할 것도 없다」 등의 어구 중에 사용될 때가 있다.

- I *was on the point of going out* for a walk when he came.
  산책하러 **가려고 하는** 참에 그가 왔다.
  (... was on the point of going ... = ... was about to go ...)

- I *felt like laughing* when I saw him play the part of Hamlet.
  그가 햄릿역을 공연하는 것을 보았을 때 나는 **웃고 싶은 심정이었다**.
  (I felt like laughing ... = I wished to laugh ...)

- She *makes a point of going* to the theater with her husband once a month.
  그녀는 한 달에 한 번 남편과 함께 연극을 보러 **가기로 하고 있다**.
  (She makes a point of going ... = She makes it a rule to go ...)

- *It goes without saying that* foreign trade is essential to the development of Korea's economy.
  외국무역이 한국경제의 발전에 필요하다는 것은 **말할 필요도 없다**.
  (It goes without saying ... = It is needless to say ...)

중요 문법사항을 포함한 문장 31

151 His being a foreigner ...
그가 외국인이라는 것 …

His being a foreigner has complicated the matter.

해석 그가 외국인이라는 것이 그 사건을 복잡하게 했다.

어구 complicate : 복잡하게 하다

설명

1. 소유격+동명사 형을 동명사구문이라고 하는데, 이 경우에는 소유격이 동명사가 나타내는 동작이나 상태의 의미상의 주어이므로 「~가 …한다는 것은」 「~가 …이라는 것은」이라고 해석해야 한다. 위 문장의 "His being a foreigner …"는 "That he is a foreigner …"와 같은 것으로서 「그가 외국인이라는 것이」의 뜻이다.

- I think there is no probability of *the two nations' going to war*.
그 두 나라가 전쟁을 할 가능성은 없다고 생각한다.
(… of the two nations' going to war. = … that the two nations will go to war.)

- *Jane's having committed suicide* greatly surprised us.
제인이 자살했다는 사실은 우리들을 대단히 놀라게 했다.
(Jane's having committed suicide … = That Jane had committed suicide …)

2. 구어체에서 의미상의 주어인 소유격에 's를 붙이지 않는 수가 종종 있다. 의미상의 주어가 인칭대명사일 경우에는 목적격이 사용되기도 한다.

- Everybody knows *the actress* having got secret help from some one.

그 여배우가 누군가로부터 몰래 원조를 받았다는 것은 모두가 알고 있다.
(the actress having got ... = the actress's having got ... = the actress has got ...)

- My family didn't like the idea of *me* marrying a foreigner.
  우리 가족은 **내가** 외국인과 결혼하는 것을 좋아하지 않았다.
  (of me marrying ... = of my marrying ... = that I would marry ...)

Test Yourself!

다음을 우리말로 옮기세요.

1. Walking through London is a pleasant and inexpensive pastime and if one feels tired one can always sit for a while on the bench of one of London's numerous parks and squares.
    hint inexpensive : 비용이 들지 않는   pastime : 기분전환   for a while : 잠시 동안   numerous [njúːmərəs] : 다수의, 많은   square: 사각형의 광장

2. By rubbing the palms of the hands together, for example, heat is produced; by rubbing two sticks of wood together a fire may be started.
    hint rub together : 마주 비비다   palms of the hands : 손바닥   start : 일어나다

3. Much as the average man hates shaving, he hates the notion of growing a beard still more.
    hint as = though : …일지라도   average [ǽvəridʒ] : 보통의   shaving : 면도질   grow a beard : 수염을 기르다

4. I can't approve of your reading that kind of novel. It's been written with eroticism as its theme.
    hint approve : 승인하다   theme [θiːm] : 주제, 테마

5. Children form a habit of believing in the ideas generally accepted in the society surrounding them in much the same way as they form a habit of speaking the language of their district and class.
    hint in much the same way as ... : …와 대체로 같은 방법으로   district : 지역

Answer

1. 런던의 거리를 걷는 것은 즐겁고 돈이 들지 않는 기분전환이며, 피로를 느끼면 언제나 런던의 수많은 공원이나 광장의 벤치에 잠시 동안 앉아 쉴 수 있다.

2. 예를 들어 손바닥을 비비면 열이 발생한다. 두 개의 나무 막대기를 마주 비벼댐으로써 불을 일으킬 수 있다.

3. 보통 사람들은 수염을 깎는 것을 대단히 싫어하지만, 수염을 기르는 것은 그 이상으로 싫어한다.

4. 네가 그런 종류의 소설을 읽는 것을 승낙할 수 없다. 그것은 에로티즘을 주제로 해서 쓰인 책이다.

5. 아이들은 자기가 속해 있는 지역과 계층의 말을 사용하는 습성을 기르는 것과 대체로 같은 방식으로, 자신을 에워싸고 있는 사회에서 일반적으로 받아들여지는 생각을 믿는 습관을 들인다.

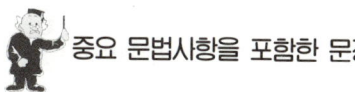

중요 문법사항을 포함한 문장 32

152 trembling hands
떨리는 손

With **trembling hands** he opened the envelope.

[해석] 그는 떨리는 손으로 봉투를 열었다.

[설명]

1. 현재분사, 과거분사는 형용사와 마찬가지로 명사 앞에 놓여 다음 명사를 직접 수식한다.

    • As a child he was once rescued from a *burning house*.
    어린 시절 그는 **불타고 있는 집**에서 구출된 적이 있었다.

    • As far as the eye could reach nothing was to be seen except the *blackened ruins* of *deserted villages*.
    눈이 닿는 한 **황폐한 마을들의 검게 타버린 흔적** 외에 아무것도 보이지 않았다.

2. 현재분사, 과거분사가 명사를 수식할 때 목적어나 수식어를 동반하는 경우에는 일반적으로 명사의 뒤에 놓인다.

    • *A book requiring continuous attention and prolonged mental effort* is useless on a voyage.
    끊임없는 주의와 오랜 정신적 노력을 필요로 하는 책은 여행에 적합하지 않다.

    • Traveling is *a pleasure unknown to me in the days of misery*.
    여행은 **내가 빈곤에 허덕이고 있던 시절에는 도저히 맛볼 수 없었던 즐거움**이다.

3. 현재분사, 과거분사가 보어로 사용될 때가 있다.

- I think I had my purse *stolen*, while I stood *talking* with my friend in the train.
  기차에서 친구와 **이야기를 하면서** 서 있었을 때 지갑을 **도둑맞았다고** 생각한다.
  (stolen은 목적격 보어, talking은 주격 보어)

- We felt thoroughly *disappointed* at the result of the election.
  우리들은 선거의 결과에 완전히 **실망**했다.
  (disappointed는 주격 보어)

- I am sorry to have kept you *waiting* for a long time.
  오래 **기다리게** 해서 죄송합니다.
  (waiting은 목적격 보어)

중요 문법사항을 포함한 문장 33

153 Hearing a noise, ...
소음을 듣고서 …

Hearing a noise, I jumped out of bed.

해석 소음을 듣고서, 나는 침대에서 뛰어내렸다.

설명

1. "Hearing a noise"는 분사구문으로 "When I heard a noise"라는 의미이다. Hearing은 When이라는 접속사와 heard라는 동사 역할을 동시에 하며 「때」를 나타낸다.

   • *Seeing their mother far in the distance*, they ran to meet her.
   어머니의 모습이 저 멀리서 보였을 때, 그들은 그녀를 맞이하기 위하여 뛰어갔다.
   (Seeing ... = When they saw ...)

   • *Waking in the night*, I saw the stars overhead and the moonlight bright upon the mountains.
   밤에 눈을 떴을 때, 머리 위에는 별들이 보였고, 산 위에는 밝은 달빛이 보였다.
   (Waking ... = When I woke ...)

2. 분사구문은 이와 같이 「때」를 나타내는 것도 있고, 다음 예문과 같이 「이유」「조건」「양보」 등을 나타내는 것도 있다. 무엇을 나타내는가는 앞뒤 뜻으로 미루어 판단하면 된다.

   • *Not wishing to make him angry*, I did not say any more.
   그를 화나게 하고 싶지 않았기 때문에, 나는 더 이상 아무 말도 하지 않았다.
   (Not wishing ... = As I did not wish ... 이유를 나타낸다)

- *Starting now*, you will not complete your round before seven.
  지금 출발한다면, 너는 7시 전에 순회를 마칠 수 없을 것이다.
  (Starting ... = If you start ... 조건을 나타낸다)

- *Admitting what you say*, I still think that you acted against regulation.
  네가 하는 말을 인정한다 하더라도, 여전히 나는 네 행동이 규칙에 위반된다고 생각해.
  (Admitting ... = Though I admit ... 양보를 나타낸다)

- I reached the village at three in the afternoon, *visiting my friend there soon afterwards*.
  나는 오후 3시에 그 마을에 도착하여 **뒤미처 그곳에 있는 친구를 찾아갔다**.
  (visiting ... = and visited ... 부수적인 상황을 나타낸다)

중요 문법사항을 포함한 문장 34

154 Being written in French, ...
프랑스어로 쓰여 있으므로 ...

Being written in French, the letter was taken to the teacher.

【해석】 프랑스어로 쓰여 있으므로, 그 편지는 선생님께 가져가게 되었다.

【설명】

1. 수동의 분사구문은 being + 과거분사 형이다.
   위 예문의 "Being written ..."은 "As it was written ..."의 뜻으로 「이유」를 나타낸다.

   • *Being asked what countryman he was*, he replied that he was "a citizen of the world."
   어느 나라 사람이냐는 질문을 받았을 때, 그는 '세계의 시민'이라고 대답했다.
   (Being asked ... = When he was asked ... 때를 나타낸다)

   • The letter, *having been addressed to the wrong house*, was delayed in delivery.
   그 편지는 **주소가 틀렸기 때문에**, 배달이 늦었다.
   ("having been addressed"는 완료형으로 "as it had been addressed"라는 의미. 이유를 나타낸다.)

2. 이 "being" 혹은 "having been"은 종종 생략된다.

   • *Seen from an aeroplane*, it would look like a green ball.
   비행기에서 보면 그것은 녹색 공처럼 보일 것이다.
   (Seen ... = Being seen ... = If it were seen ... 조건을 나타낸다)

   • The fire originated in an unoccupied house. *Fanned by a northernly wind*, it spread southward.

불은 빈 집에서 일어났다. **북풍이 불어서** 그것은 남쪽으로 번져갔다.
(Fanned ... = Being fanned ... = As it was fanned ... 이유를 나타낸다)

3. 명사나 형용사에 "being"이나 "having been"을 보충하여 보면 의미가 뚜렷해질 때가 있다.

- *A kind man* at heart, he was loved by everybody.
  마음이 **친절한 사람이었기 때문에**, 그는 모두에게 사랑받았다.
  (A kind man ... = Being a kind man ... = As he was a kind man ... 이유를 나타낸다)

- Benjamin Franklin, *tactless* in his youth, became adroit at handling people in his later years.
  벤자민 프랭클린은 젊은 시절에는 **재치가 없었지만**, 후년에는 사람을 다루는 솜씨가 능숙해졌다.
  (tactless ... = being tactless ... = though he was tactless ... 양보를 나타낸다)

중요 문법사항을 포함한 문장 35

155 School being over, ...
수업이 끝났으므로 ...

School being over, we went home.

[해석] 수업이 끝났으므로, 우리들은 집으로 돌아갔다.

[설명]

1. 위 예문의 "School being over"는 주어가 있는 분사구문, 즉 독립분사구문으로 접속사를 사용하여 바꿔 보면 "As school was over" 또는 "After school was over"가 된다. 독립분사구문은 ~ing의 주어와 주절의 주어가 다를 때 사용된다.

   • Little is known of Washington's childhood, *the story of the cherry tree being imaginary*.
   워싱턴의 유년 시절에 대해서는 별로 알려져 있지 않으며 **벚나무에 대한 이야기는 꾸며진 것이다**.
   (the story of the cherry tree being ... = and the story of the cherry tree is ... 부수적인 상황을 나타낸다)

   • It is always better, *other things being equal*, to allow people liberty than to control them.
   다른 사정이 같다고 하면, 국민을 통제하는 것보다 국민에게 자유를 주는 편이 언제나 낫다.
   (other things being equal ... = if other things are equal ... 조건을 나타낸다)

2. 수동의 경우에는 "being"이나 "having been"이 종종 생략된다.

   • *The job completed*, he laid down his pen and went out into the garden.
   일이 끝나면, 그는 펜을 놓고 정원으로 나갔다.

(The job completed ... = The job being completed ... = When (As) the job was completed ...   때 또는 이유를 나타낸다)

- *All allowances made,* it is a thousand pities.
  아무리 참작해도, 그것은 유감천만이다.
  (All allowances are made ... = All allowances being made ... = Though all allowances are made ...   양보를 나타낸다)

3. 독립분사구문의 주어가 we, you, one과 같은 일반적인 것일 경우에는 보통 이것을 생략한다. 이것을 비인칭 독립분사라고 한다.

- *Generally speaking,* woman is a better linguist than man.
  일반적으로 말하면, 여성이 남성보다 어학에 뛰어나다.
  (Generally speaking ... = If we speak generally ...)

- It is chiefly through books that we acquire knowledge.
  Judging from this fact, it is essential to choose good books.
  우리들이 지식을 얻는 것은 주로 책을 통해서이다. **이 사실로 판단해 보면**, 좋은 책을 선택하는 것이 절실히 필요하다.
  (Judging ... = If we judge ...)

Test Yourself!

다음을 우리말로 옮기세요.

1. Being asked whether it was better to marry or not, Socrates replied, "Whichever you do, you will repent it."
   hint repent : 후회하다

2. Working as an officer in the Royal Air Force, he found himself posted to areas he would otherwise scarcely have been able to visit.
   hint Working ... = While he was working   Royal Air Force : 영국 공군
   post : 배치하다   otherwise : 그렇지 않으면

3. Dinner finished, we refilled our glasses, lit our pipes, and resumed the discussion upon our state of health.
   hint Dinner finished ... = dinner being finished ... = When dinner was finished ...   lit : light (불을 붙이다)의 과거 및 과거분사
   resume : 다시 시작하다

4. Though U.S. big-name colleges are flooded with applicants, most of them, fearing loss of quality in size, refuse to expand.
   hint big-name = famous : 유명한   be flooded with ... : …이 몰려들다, 쇄도하다
   applicant : 지원자, 수험자   expand : 팽창하다(=규모를 확대하다)

5. Where all can read, the newspaper press, taken as a whole, will be a fairly accurate reflection of what is in the mind of a people.
   hint newspaper press : 신문   taken ...=if it is taken ... 혹은 when it is taken ...   fairly : 꽤, 상당히   accurate [ǽkjərit] : 정확한
   reflection : 반영(물)   a people : 국민

6. For the rest of the day the house was quiet, the children having gone out upon the sands.
   hint rest : 나머지   the children having gone out ... : for the children had gone out ...   sands : (복수형) 모래밭

7. Generally speaking, noise is an inevitable accompaniment of modern life.
   hint inevitable : 피할 수 없는   accompaniment : 부수물, 부속물

Answer

1. 결혼하는 것과 하지 않는 것 중 어느 쪽이 더 좋으냐고 묻자, 소크라테스는 "어느 쪽을 선택해도 후회할 것이오"라고 대답했다.

2. 영국 공군의 장교로 근무하고 있었을 때, 그는 공군 장교가 아니면 좀처럼 방문할 수 없는 지역에 배치되었다.

3. 저녁 식사가 끝났을 때, 우리들은 다시 잔을 채웠으며, 파이프에 불을 붙이고, 우리의 건강 상태에 대해서 토론을 재개하였다.

4. 미국의 유명한 대학에는 지원자가 쇄도하지만, 그 대부분의 대학은 규모가 확대되면 질을 떨어지지 않을까 걱정하여 확장하는 것을 꺼리고 있다.

5. 사람들이 모두 문자를 읽을 수 있는 곳에서는, 전체적으로 생각해 보면 신문은 국민들이 마음속에 생각하고 있는 것을 상당히 정확하게 반영한다고 말할 수 있다.

6. 그날의 나머지 시간은 집안이 조용했다. 아이들이 모두 모래밭으로 나가 버렸기 때문에.

7. 일반적으로 말하면, 소음은 현대 생활에서 피할 수 없는 부수물이다.

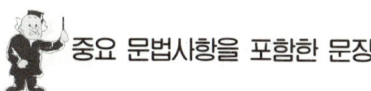

중요 문법사항을 포함한 문장 36

156 To speak English ...
영어를 말하는 것은 ...

To speak English is not easy.

[해석] 영어를 말하는 것은 쉽지 않다.

[설명]

1. 위 예문은 형식주어 it를 사용하여 It is not easy to speak English. 라고 하는 것이 보통이지만, 명사로서 사용된 부정사(즉 명사적 부정사)가 주어가 되어 문장 머리에 나올 때도 있다.

   • *To love and to be loved* is the greatest happiness on earth.
   사랑하고 사랑받는 것이 이 세상에서 가장 큰 행복이다.

   • *To be kind to others* must be the basic idea of all etiquettes.
   타인에게 친절히 대하는 것이 모든 에티켓의 기본적인 사고여야만 한다.

2. 명사적 부정사가 타동사의 목적어가 되거나 불완전동사의 보어가 될 때도 있다.

   • He tried *to give up smoking* in vain.
   그는 **담배를 끊으려고** 하였지만 허사였다.

   • What you must do now is *to do your best and leave the rest to Heaven.*
   당신이 지금 해야 할 일은 **최선을 다하고 천명을 기다리는 것이다.**

3. 부정사가 형용사로서 명사를 수식하는 경우에는 명사의 뒤에 놓인다.

   • The best way *to learn about a country* is, of course, to go there.
   한 나라를 알기 위한 최선의 방법은 물론 그 나라에 가는 것이다.

- There was nobody *to teach her the gentle virtues of a woman.*
  그녀에게 **여자가 지녀야 할 미덕을 가르쳐 주는** 사람은 아무도 없었다. (to teach ... = who taught ...)

4. 형용사적 부정사도 명사적 부정사와 마찬가지로 보어로 쓰일 수 있다.

   - Atomic energy has proved *to be of great medical value.*
     원자력은 **의학적 가치가 대단히 큰 것으로** 판명되었다.
     (to be ...는 주격 보어)
   - I don't believe him *to be utterly ignorant of socialism.*
     나는 그가 **사회주의에 대해서 전혀 모른다**고는 생각하지 않는다.
     (to be ...는 목적격 보어. him은 to be의 의미상의 주어이므로 「그가 …」라고 해석한다.)

5. 지각동사(see, hear 등)나 사역동사(make, let 등)의 다음에는 보통 원형부정사를 사용한다.

   - I saw him *take her hand* when he got down from the bus.
     나는 그가 버스에서 내릴 때 **그녀의 손을 잡는 것을** 보았다.
     (him은 take의 의미상의 주어이기 때문에 「그가 …」라고 해석한다)
   - They made me *drink a glass of whisky* against my will.
     그들은 내 뜻과는 반대로(= 억지로) 나에게 **위스키 한 잔을 마시게** 했다.

중요 문법사항을 포함한 문장 37

157 **to study painting**
그림을 공부하기 위해서

> He went to Paris **to study painting**.

해석 그는 그림을 공부하기 위해서 파리로 갔다.

설명

1. 부사의 역할을 하는 부정사가 목적을 나타내는 경우에는 「…하기 위해서」라고 해석한다.

   - He took out of his pocket a passport *to prove* that he was English.
     그는 영국인임을 **증명하기 위해서** 호주머니에서 여권을 꺼냈다.
   - There was absolute quiet in the court room as the prisoner rose *to hear the sentence*.
     죄인이 **선고를 듣기 위해서** 일어섰을 때 법정은 쥐죽은 듯이 조용했다.

2. 부사적 부정사가 원인을 나타내는 경우에는 보통 「…하고서」 「…해서」라고 해석한다.

   - The children were delighted *to find nice presents* in their stockings.
     아이들은 긴 양말 속의 **멋진 선물을 발견하고서** 몹시 기뻐했다.
   - She fell in a faint *to hear* that her daughter was carried to hospital in a traffic accident.
     그녀는 딸이 교통사고로 병원에 후송되었다는 소식을 **듣고서** 졸도했다.

3. 결과를 나타내는 경우에는 「그리고 (그 결과) …하다」라고 해석한다. (to … = and …)

- Oxygen and hydrogen combine *to form water*.
  산소와 수소는 화합하여 (**그 결과**) **물이 된다**.
  (to form … = and form …)

- I called at her home *to find her absent,* and was disappointed.
  나는 그녀의 집을 찾아갔는데 **그녀가 없는 것을 알고서** 실망했다.
  (to find … = and found …)

4. 판단의 기준 혹은 이유를 나타내는 경우에는 흔히 「…한다면」「…하다니」라고 해석한다.

- He cannot be a gentleman *to hit a lady in the face*.
  숙녀의 얼굴을 때리다니 그는 신사일 리가 없다.

- What a lucky fellow he is *to have such an income!*
  그런 수입이 있다니 그는 참 운이 좋은 사람이구나!

중요 문법사항을 포함한 문장 38

158 be to ...
…하기로 되어 있다

> We **are to** meet in front of the theater
> at five in the afternoon.

[해석] 우리들은 오후 다섯 시에 극장 앞에서 만나기로 되어 있다.

[설명]

1. "be to …"는 「…하기로 되어 있다」라는 의미로서 예정을 나타내는 데 사용된다.

   • We *are to* be married in the course of the spring.
     우리들은 봄 중에 결혼할 **예정이다**.

   • They *were to* hold the Olympic Games in Tokyo that year, but the war made it impossible to do so.
     그 해에 도쿄에서 올림픽을 개최할 **예정이었지만**, 전쟁 때문에 그럴 수가 없었다.

2. "be to …"는 "should …", "must …"「…하지 않으면 안 된다」의 의미가 될 때도 있다.

   • If the teeth are decayed, they *are to* be removed.
     충치가 되면, 그 이는 **뽑지 않으면 안 된다**. (are to … = must …)

   • The reason for the business depression *is to* be sought in the political unrest.
     불경기의 원인은 정치의 불안정에서 찾아**야 한다**.
     (is to … = should …)

3. "be to ..."가 "can ..."의 의미로 쓰일 때도 있다.

- Happiness *is not to* be bought with money.
  행복은 돈으로 살 **수 없다**. (is not to ... = cannot ...)

- The twins *are to* be distinguished by their voices.
  쌍둥이는 목소리로 구별할 **수 있다**. (are to ... = can ...)

중요 문법사항을 포함한 문장 39

159 seem to have been ...
...이었던 것 같다

She seems to have been an actress.

[해석] 그녀는 여배우였던 것 같다.

[설명]

1. seem(생각되다), appear(보이다), suppose(상상하다), be said(말해지다), regret(후회하다), believe(믿다) 등의 동사 다음에 **to have + 과거분사**의 형, 즉 완료형 부정사가 오는 경우에는 앞서 설명한 바와 같이 이들 동사가 나타내는 때보다 이전의 때를 나타낸다 (문형 81 참조). 위 예문은 「그녀는 (과거에 있어서) 여배우였던 것처럼 (현재) 생각된다」라는 의미이다.

   〈비교〉 ┌ He seems *to be* a teacher.
   │   그는 선생인 것 같다.
   │   (= It seems that he *is* a teacher.)
   │   He seems *to have been* a teacher.
   │   그는 선생이었던 것 같다.
   └   (= It seems that he *was* [or *has been*] a teacher.)

- Twenty jet fighters *are said to have joined* the air pageant yesterday.
  20대의 제트 전투기가 어제 공중 패전트에 **참가했다고 한다**.
  (= It is said that twenty jet fighters joined ...)

- Russia *was supposed to have succeeded* in training many astronauts.
  러시아는 우주 비행사를 많이 양성하는 데 **성공했던 것으로 추측되었다**.
  (= It was supposed that Russia had succeeded ...)

2. 희망이나 기대 등을 나타내는 동사의 과거형 다음에 완료형 부정사가 오면, 과거에 어떤 일이 실현되지 않은 것을 나타낸다. 즉 「…하려고 마음 먹었는데 (할 수 없었다)」 등의 뜻이 된다.

- I *wished to have finished* reading through this American best seller by Christmas.
  나는 크리스마스까지는 이 미국의 베스트 셀러를 읽어 **버리려고 생각했는데** (할 수 없었다).
  (= I wished …, but I could not.)

- My room was in disorder; I *intended to have put* it to rights before she came.
  내 방은 어질러져 있었다. 그녀가 오기 전에 정돈할 **생각이었는데** (그러지 못했다).
  (= I intended …, but I did not.)

중요 문법사항을 포함한 문장 40

160 To confess the truth, ...
사실은 …

To confess the truth, these pearls are imitations.

[해석] 사실은, 이 진주들은 모조품이다.

[어구] imitation : 모조품, 가짜

[설명]

1. "To confess the truth"는 일종의 부사적 용법의 부정사로서 "If I confess the truth"라는 의미이다. 이것은 앞서 설명한 바와 같이 독립부정사라고 불리며 숙어로 쓰인다. 몇 가지 예를 들면 다음과 같다. (문형 104 참조)

    - *To be frank with you*, I do not care much for your plan for traveling.
    솔직히 말하면, 너의 여행 계획에는 찬성하지 않는다.
    - *Strange to say*, I dreamed the same dream over and over again.
    이상하게도, 나는 같은 꿈을 몇 번이고 되풀이해서 꾸었다.
    - *To make the matter worse*, the British army has run out of provisions.
    설상가상으로, 영국군은 식량이 바닥났다.

2. 이외에도 다음과 같은 독립부정사가 있다.

to do one justice	공평하게 말해서
to begin with	우선 제일 먼저
to make a long story short	간단히 말하면
to say nothing of ... (not to speak of ...)	…은 말할 것도 없이

not to say ...	...라고는 말 못하더라도
so to speak	말하자면 (= as it were)
to be sure	확실히
to return to the subject	(이제) 본론으로 돌아가서

이 중에는 문장 가운데 삽입되는 것도 있고 문장 끝에 놓이는 것도 있다.

- He is, *so to speak*, a walking dictionary.
  그는 **말하자면** 만물 박사이다.
- Our new president has scholarship, *to say nothing of experience*.
  우리들의 새 학장은 **경험은 말할 것도 없고** 학식도 있다.

Test Yourself!

다음을 우리말로 옮기세요.

1. Europeans are not concerned, like many Americans, with the question how a Third World War is to be won, but only with the question how it is to be avoided.
   > **hint** be concerned with ... : …에 관심을 가지다   avoid ... : 피하다

2. I wondered whether it was worth while going so far to see a city so unworthy of its history.
   > **hint** be worth while ~ing : ~할 가치가 있다   unworthy of ... : …에 부족한, …을 할 가치가 없는

3. There is a general conclusion to be drawn from modern economic development, and that is that any nation which desires to prosper must seek rather co-operation than competition with other nations.
   > **hint** conclusion : 결론   prosper : 번영하다   co-operation : 협력
   > competition : 경쟁

4. Good writing is economical. The writer uses no more words than are needed to express his thought and feeling adequately.
   > **hint** adequately [ǽdikwitli] : 충분히

5. To be frank with you, your account of the matter is not accurate.
   > **hint** account : 설명

6. The freedom of a student to cheat in an examination is incompatible with the freedom of the others in the class to have a fair system of grading.
   > **hint** cheat : 커닝을 하다   be incompatible with ... : …와 양립할 수 없다
   > grading = marking : 채점

7. A man who talks much, and especially a man who talks about himself, is to be viewed with suspicion. It was a Frenchman

who coined the maxim "Catch hold of eloquence and wring its neck," but it is the English who are the most ready to put it into practice.

> hint view : 보다   suspicion : 의혹   coin : 만들어내다   maxim : 격언
> catch hold of ... : …을 잡다   wring : 짜다, 비틀다
> put ... into practice : …을 실행하다

8. In the first place, be honest with the child. If you don't know, say so outright. The surest way to lose his confidence is to pretend that you know when you really don't.

> hint outright : 분명히, 솔직히   confidence : 신뢰   pretend : 가장하다, 체하다

9. To look up at that glorious sky, and then to see that magnificent picture reflected in the clear and lovely river is a pleasure never to be described and never forgotten.

> hint glorious : 영광스러운, 장려한   magnificent : 장엄한, 훌륭한
> reflect : 반영하다   describe : 기술하다

10. Children frequently refuse to follow instructions for no other reason than that they have been told to do a certain thing.

> hint refuse : 거절하다   instructions : 명령, 지시
> for no other reason than ... : 단지 …라는 이유만으로

Answer

1. 유럽 사람들은 많은 미국 사람들처럼 3차 세계대전에 어떻게 승리할 것인가 하는 문제에 대해서 관심을 가지고 있는 것이 아니라, 어떻게 하면 전쟁을 피할 수 있는가 하는 문제에만 관심을 가지고 있다.

2. 그렇게 역사적인 가치가 없는 마을을 보기 위해서 그렇게 멀리까지 갈 가치가 있는지 어떤지 나는 의심했다.

3. 현대의 경제적인 발전에서 도출되는 일반적인 결론이 있는데, 그것은 번영을 희망하는 국가는 어떤 국가이든 타국과의 경쟁보다 오히려 협력을 해야 한다.

4. 잘 쓴 문장은 경제적이다(좋은 문장에는 쓸데없는 요소가 없다). 작가는 그의 사상과 감정을 충분히 표현하는 데 필요 이상의 말을 사용하지 않는다.

5. 솔직히 말하면, 그 문제에 관한 너의 설명은 정확하지 않다.

6. 시험에서 컨닝하는 학생의 자유와, 공평한 채점방식을 희망하는 학급의 다른 학생들의 자유와는 양립할 수 없다.

7. 말을 많이 하는 수다쟁이, 특히 자기 자신에 관하여 지껄이는 사람은 의혹의 눈으로 보지 않으면 안 된다. "웅변가는 붙잡아서 그 목을 비틀어라"라는 격언을 만들어 낸 것은 프랑스 사람이었지만, 그 격언을 가장 기꺼이 실천하는 것은 영국인이다.

8. 우선 첫째로 아이에게 정직하시오. 만일 당신이 무언가를 모른다면 분명히 모른다고 말하시오. 아이의 신뢰를 잃는 가장 확실한 방법은 사실을 모르면서 아는 체하는 것입니다.

9. 저 장려한 하늘을 쳐다보고 나서 맑고 아름다운 강에 비친 저 장엄한 그림 같은 광경을 바라보는 것은 말로 표현할 수 없으며 결코 잊을 수도 없는 기쁨이다.

10. 아이들은 단지 어떤 일을 하라고 했다는 이유만으로 지시에 따르기를 거부하는 경우가 종종 있다.

제3장 혼동하기 쉬운 표현

BASIC ENGLISH FORMULAS

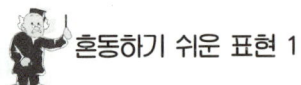

혼동하기 쉬운 표현 1

161
almost ... : 거의 …
hardly ... : 거의 …없다(아니다)

This is almost perfect.

[해석] 이것은 **거의** 완전하다.

[어구] perfect[pə́ːrfikt] : 완전한

[설명]

1. "almost"는 「거의 …」라는 의미를 나타내는 부사이다.

   - *Almost* everything that is great has been done by youth.
     위대한 것은 **거의** 모두 젊은이에 의해서 이루어져 왔다.

   - Poetry is as universal as language and *almost* as ancient.
     시는 언어와 마찬가지로 보편적이며, 또한 **거의** 마찬가지로 옛날부터 있던 것이다.

2. "almost"가 「하마터면」이라는 의미로 사용될 때도 있다. (= nearly)

   - He was *almost* drowned. 그는 **하마터면** 익사할 뻔했다.

   - I *almost* thought you meant it.
     나는 **하마터면** 당신이 진정으로 말하고 있다고 생각할 뻔했다.

3. "almost"를 다음과 같이 형용사처럼 사용할 때도 있다.

   - His *almost* impudence made us feel very unpleasant.
     그의 철면피**라고 할 만한** 태도가 우리들을 대단히 불쾌하게 하였다.

> **He has hardly time to read a newspaper.**

해석 그는 거의 신문을 읽을 틈이 없다.

설명

1. "hardly"는 「거의 …없다(아니다)」라는 의미를 나타낸다. almost와 달리 hardly에는 부정의 의미가 포함되어 있다.

    - *Hardly* a leaf is left on the tree.
      나뭇잎에는 잎이 **거의** 남아 있지 **않다**.
    - Calculation shows that the utilization of the internal heat of the earth would *hardly* be profitable at present.
      추정에 의하면 지구 내부의 열의 이용은 현재로서는 **거의** 채산이 맞지 **않을** 것이라고 한다.

2. "hardly"는 「거의 …없다(아니다)」라는 의미 외에도 「모질게」「간신히」 등의 의미로 사용될 때가 있다.

    - He will surely deal *hardly* with you.
      그는 틀림없이 당신을 **모질게** 다룰 것이다.
    - The victory was *hardly* won.
      승리는 **간신히** 얻어졌다.

3. "hardly"는 「도저히 …아니다」「전혀 …아니다」라는 의미로 사용될 때가 있다. (= by no means; not ... at all)

    - We can *hardly* realize that there once was a time when nobody could read or write.
      옛날에 아무도 읽고 쓰기를 할 수 없었던 시대가 있었다고는 **도저히** 실감할 수 **없다**.
    - You can *hardly* expect me to do that.
      내가 그것을 하리라고는 **전혀** 기대하지 **말게**.

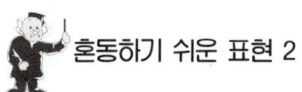

혼동하기 쉬운 표현 2

162
among ... : …의 가운데(서)
between ... : …의 사이에(서)

The novel is very popular among young people.

[해석] 그 소설은 젊은 사람들 가운데서 대단히 인기가 있다.

[설명]

1. "among"은 「…의 가운데서」라는 의미의 전치사이다. 일반적으로 세 가지 혹은 세 사람 이상인 경우에 쓰인다.

  - For five months he lived *among* strangers.
   5개월간 그는 낯선 사람들 **속에서** 살았다.
  - *Among* the reasons I have to give, there is this important one.
   내가 들어야 할 이유 **중에** 다음의 중요한 이유가 있다.

2. "among"이 「…사이에 각자」「…의 협력으로」라는 의미로 사용될 때도 있다.

  - Divide these apples *among* you five.
   이 사과들을 너희들 다섯 **명이** 나누어 가져라.
  - We finished the work *among* us.
   우리들은 그 일을 우리**끼리** 힘을 합쳐 끝마쳤다.

The Straits of Dover lie between France and England.

[해석] 도버 해협은 프랑스와 영국 사이에 있다.

[어구] strait[streit] : 해협(지명에 붙일 때에는 보통 복수)

> 설 명

1. "between"도 "among"과 마찬가지로 「…의 사이에」라는 의미를 나타내는데 보통 두 개 또는 두 사람의 경우에 사용된다.

   - He must have dropped his purse *between* his house and the station.
     그는 자기의 집과 역 **사이에서** 지갑을 떨어뜨렸음에 틀림없다.
   - Let there be no quarrel *between* us.
     우리들 **사이에** 싸움은 그만두자.
   - The usual time for calling in England is *between* 4 and 6 p.m.
     영국에서의 방문시간은 보통 오후 4시부터 6시 **사이**이다.

2. "between"이 세 개 또는 세 사람 이상에 사용될 때도 있다. 이 경우에도 두 개 또는 두 사람씩 나눠서 생각하는 기분이 포함되어 있다.

   - The money was divided equally *between* the crew.
     그 돈은 승선원들 **사이에** 평등하게 나누어졌다.
   - There are no quarrels *between* gentlemen.
     신사들 **사이에는** 싸움이라는 것이 없다.

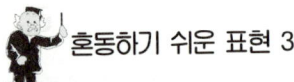

혼동하기 쉬운 표현 3

163
as for ... : …은 어떤가 하면
as to ... : …에 관해서는

As for the old man, he died soon after.

[해석] 그 노인은 어떤가 하면, 그는 그 후 얼마 안 되어 죽었다.

[설명]
"as for"는 「…은 어떤지 말하면」이라는 의미를 나타낸다(=speaking of). 이 경우 전치사의 역할을 하고 있다.

- *As for* him, I want never to see him again.
  그는 **어떤가 하면**, 나는 두 번 다시 그와 만나고 싶지 않다.
- *As for* knowledge, it cannot be planted in the human mind without labor.
  지식은 **어떤가 하면**, 그것은 노력 없이 인간의 정신에 심어질 수 없는 것이다.

They said nothing **as to** wages.

[해석] 그들은 임금에 대해서는 아무 말도 하지 않았다.

[어구] wages[wéidʒiz] : 임금

[설명]
"as to ..."는 「…에 관해서」 「…에 대해서」라는 의미이다(=about; concerning). as for와 마찬가지로 전치사의 역할을 한다. 의문사로 시작되는 절을 목적어로 하는 것이 많다.

- He said nothing *as to* when he would come.
  그는 언제 올 것인가**에 대해서** 아무 말도 하지 않았다.
- Please tell me in detail *as to* how the machine works.
  제발 그 기계 작동법**에 대하여** 자세하게 가르쳐 주세요.

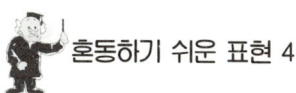

혼동하기 쉬운 표현 4

164

문장 머리의	**as it is**	: 실제로는
문장 끝의	**as it is**	: 있는 그대로
삽입구로 쓰인	**as it were**	: 소위

I wish I had enough money. As it is, I can't pay you.

해석 충분히 돈이 있으면 좋으련만, 실제로는 돈이 없으므로 당신에게 지불할 수 없다.

설명
"as it is"가 문장 머리에 있을 때에는 보통 가정적인 표현법에 따라 그 가정에 반하여 「그러나 실제로는」이라는 의미로 사용된다. (=in reality) (문형 9 참조)

- I hope things would get better, but *as it is,* they are getting worse.
  상황이 좋아지면 좋겠다고 생각했는데, **실제로는** 점점 나빠지고 있다.

- Unless I had had a previous engagement, I would have accepted the invitation. *As it was,* I declined it.
  만약 선약이 없었다면 그 초대를 수락했을 텐데. **실제로는 선약이 있었기 때문에** 거절했다.

Leave it as it is.

해석 그것을 있는 그대로 놔 두세요.

설명

1. "as it is"가 문장 끝에 올 때에는 일반적으로 「있는 그대로」라는 의미를 나타낸다.

- Try and see things *as they are.*
  사물을 **있는 그대로** 보도록 노력해라.

- Tell me the fact *as it is*.
  사실을 **있는 그대로** 이야기해라.

2. "as it is"를 문장 가운데 삽입할 수 있는데, 이것은 보통 문장을 강조하기 위한 것으로 없어도 의미에는 변함이 없다. 「실제로」 정도로 해석하면 된다. 일반적으로 앞에 현재분사나 과거분사가 온다.

- Written, *as it is*, in plain English, it is easy to read.
  실제로, 쉬운 영어로 쓰였기 때문에 그것은 읽기 쉽다.

He is, **as it were**, a walking dictionary.

[해석] 그는 소위 살아 있는 사전(만물박사)이다.

[설명]

"as it were"는 삽입구로 사용되어 「소위」「이른바」라는 의미를 나타낸다 (= so to speak). 보통 앞뒤를 콤마로 끊는다. (문형 10 참조)

- The newspaper is, *as it were*, the eyes and ears of society.
  신문은 **이른바** 사회의 눈과 귀이다.
- He is, *as it were*, an upstart. You had better not keep company with him.
  그는 **소위** 졸부이다. 너는 그와 교제하지 않는 편이 좋다.

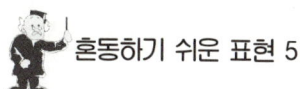 혼동하기 쉬운 표현 5

165
as well : 게다가
... as well as ~ : ~은 물론 …도

He is a painter, but a sculptor as well.

[해석] 그는 화가이면서 **게다가** 조각가이기도 하다.

[설명]
"as well"은 「게다가」「그 외에」라는 의미를 나타낸다 (=besides, in addition, too). 이것은 부사의 역할을 한다.

- He has knowledge, and experience *as well*.
  그는 지식이 있고 **게다가** 경험도 있다.
- He gave me advice, and money *as well*.
  그는 나에게 조언을 해 준 **외에** 돈도 주었다.

He gave me clothes as well as food.

[해석] 그는 나에게 음식은 **물론** 옷도 주었다.

[어구] clothes[klouðz] : 옷, 의복

[설명]
1. "A as well as B"는 「B는 물론 A도」라는 의미이다. (문형 15 참조)
   - His brother knows French *as well as* English.
     그의 형은 영어는 **물론** 프랑스어**도** 안다.
     (=His brother knows not only English but also French.)
   - They are sensitive for others *as well as* for themselves.
     그들은 자신들에 대해서**뿐만 아니라** 타인들에 대해서**도** 민감하다.
     (=They are sensitive not only for themselves but for others, too.)

2. "as well as ..."를 「…와 같은 정도로 잘」「…와 마찬가지로 능숙하게」라는 의미로 사용할 때도 있다.

- I wish I could swim *as well as* you.
  당신**과 같은 정도로 능숙하게** 수영할 수 있으면 좋으련만.

- To treat your servants *as well as* you treat yourself amounts to spending as much money on them as on yourself.
  당신이 자기 자신을 돌보는 것**과 마찬가지로** 당신의 고용인들을 **잘** 대우한다는 것은 당신 자신에게 쓰는 만큼의 돈을 그들에게 쓰는 것이 된다.

Test Yourself!

다음을 우리말로 옮기세요.

1. There is almost nothing, however fantastic, that a team of engineers, scientists, and administrators cannot do today.
   - hint ▶ fantastic [fæntǽstik] : 공상적인   administrator [ədmínəstrèitər] : 위정자

2. You know that I have often expressed the hope that some of you will be among those who make future literature of Korea.
   - hint ▶ express [iksprés] : (사상, 감정 등을) 나타내다, 말하다
     literature [lítərətʃər] : 문학

3. Foreign students in our country play an important part in the promotion of mutual understanding between Korea and their mother countries.
   - hint ▶ promotion [prəmóuʃən] : 촉진   mutual [mjú:tʃəl] : 상호의

4. The watch was a little too expensive for me, but as to its action it defied all comparison.
   - hint ▶ expensive [ikspénsiv] : 고가의, 값비싼   action [ǽkʃən] : 움직임, 활동
     defy [difái] : …을 허용하지 않다   comparison [kəmpǽrisən] : 비교

5. The law, as it is at present, is severe on authors.
   - hint ▶ severe [sivíər] : 엄격한, 가혹한   author [ɔ́:θər] : 저자

6. About the middle of March, the weather went sick, as it were. The air suddenly grew warm and spring-like, and for three days there was a continuous downpour of rain.
   - hint ▶ continuous [kəntínjuəs] : 계속적인   downpour [dáunpɔ̀:r] : 억수, 호우

7. There must always be inequalities of fortune as well as of talents.
   - hint ▶ inequality [ìnikwáləti] : 불평등   fortune : 운   talent : 재능

8. Except when the historian is writing the history of his own times, his subject will be people who are remote from him in time, and perhaps in space as well.
   - hint ▶ subject : 주제, 제목   remote [rimóut] : 먼   space : 공간

Answer

1. 아무리 공상적인 것이라 할지라도 오늘날은 기술자, 과학자와 위정자가 한팀이 되면 할 수 없는 일은 거의 없다.

2. 여러분도 알다시피 나는 지금까지 종종 여러분들 중에서 몇 사람인가가 한국 문학의 미래를 건설할 사람들 중에 속하게 되었으면 하는 희망을 표명해 왔습니다.

3. 우리나라에 와 있는 외국 학생들은 한국과 그들의 모국 사이에 상호 이해증진이라는 중요한 역할을 수행하고 있다.

4. 그 시계는 나에게는 좀 너무 비싼 것이었지만, 그 성능은 비교할 수 없을 정도로 좋은 것이었다.

5. 그 법률은 현 상태에서는 저자들에게 가혹한 것이다.

6. 3월 중순 무렵 날씨는 말하자면, 병들었다. 공기는 갑자기 따뜻해져서 봄날처럼 되었고 3일간 계속 억수 같은 비가 내렸다.

7. 재능에는 물론 운에도 불평등이라는 것이 항상 있음에 틀림없다.

8. 역사가가 자신의 시대의 역사를 쓰고 있는 때를 제외하고는, 그의 주제는 시간적으로 또한 다분히 공간적으로 그로부터 먼 사람들이 될 것이다.

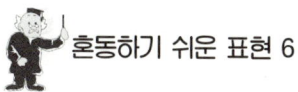

혼동하기 쉬운 표현 6

166
I don't care for … : 나는 …을 원치 않는다
If you care for … : …를 돌볼 생각이라면

I don't care for it at all.

[해석] 나는 그것을 전혀 원하지 않는다(아주 싫어한다).

[설명]

1. "care for …"를 부정문 또는 의문문에 사용하면 「…을 좋아하다」「…을 바라다」라는 의미가 된다. (= feel a strong liking for)

   • I *care for neither* wealth *nor* fame.
     나는 부도 명성도 **바라지 않는다**.

   • How do you *care for* bowling?
     볼링은 **어떻**습니까?

2. "at all"을 부정으로 사용하여 "not at all"로 하면 「조금도 …아니다」라는 의미를 나타낸다.

   • Some of them were *not at all* interested in physical science.
     그들 중에는 자연과학에 **조금도** 흥미를 **갖지 않는** 사람도 있었다.

   • The hat does*n't* suit you *at all*.
     그 모자는 너에게 **전혀** 어울리지 **않는다**.

If you care for him at all,
you must be more thoughtful of him.

[해석] 만일 조금이라도 그를 돌볼 마음이 있으면, 더욱더 그를 생각해 주지 않으면 안 된다.

어구 thoughtful : 동정심 있는

설명

1. "care for"가 「…을 돌보다」「…을 걱정하다」라는 의미로 사용될 때도 있다. (=look after)

    • The country must *care for* those who were wounded in the war.
    국가는 전상자들을 **돌보지** 않으면 안 된다.

    • Who will *care for* the children if their father dies?
    만일 그 아이들의 아버지가 죽는다면, 누가 그들을 **돌볼** 것인가?

2. "at all"을 의문문이나 조건문에 사용하면 「도대체」「조금(이라도)」라는 의미가 된다.

    • Do you know him *at all*?
    도대체 당신은 그를 알고 있기나 한겁니까?

    • If you think it is worth doing *at all*, do it with all your might.
    만일 그것이 **조금이라도** 할 가치가 있다고 생각되면, 전력을 다해서 해라.

3. "at all"을 긍정문에 사용하면 「어쨌든」이라는 의미를 나타낸다.

    • I am glad to have passed the examination *at all*.
    어쨌든 시험에 합격해서 기쁘다.

    • You are fortunate to be able to go abroad *at all*.
    어쨌든 외국에 갈 수 있다니 다행이다.

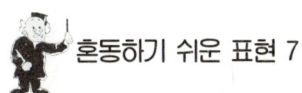

혼동하기 쉬운 표현 7

167
at least ... : 적어도 …
not in the least ... : 조금도 …않다

You must sleep at least eight hours every day.

[해석] 당신은 매일 <u>적어도</u> 여덟 시간은 자야만 한다.

[설명]

1. "at least"는 「적어도」라는 의미를 나타낸다.

   - It takes *at least* ten days to repair this watch.
     이 시계를 고치는 데는 **적어도** 열흘이 걸린다.
   - In this book I come across *at least* five or six new words in almost every page.
     이 책의 거의 모든 페이지마다 나는 **적어도** 대여섯 개의 새로운 단어를 발견한다.

2. "at least"를 「적어도, 하다 못해(= at any rate)」의 의미로 사용할 때도 있다.

   - You might *at least* be polite.
     네가 **하다 못해** 공손했으면 좋겠다.

The child was not in the least afraid of the dog.

[해석] 그 아이는 개를 <u>조금도</u> 두려워하지 <u>않았다</u>.

[설명]

"not in the least"는 「조금도 …않다」라는 강한 부정을 나타낸다. (not ... at all)

- He is *not in the least* concerned about it.
  그는 그것에 관해 **조금도** 관심을 가지고 있지 **않다**.
- I was *not in the least* surprised at the news.
  나는 그 소식을 접하여도 **조금도** 놀라지 **않았다**.

혼동하기 쉬운 표현 8

168
at once : 곧, 동시에
at once ... and ~ : …하기도 하고 ~하기도 하다

You had better call on him at once.

[해석] 너는 **곧** 그를 방문하는 편이 좋다.

[어구] had better : …하는 편이 좋다   call on : 방문하다

[설명]

1. "at once"는 「곧」「즉시」라는 의미로 쓰인다 (= immediately). 부사의 역할을 한다.

   - I must have your answer *at once*.
     나는 **곧** 당신의 회답을 받지 않으면 안 된다.
   - The problem to be solved *at once* is who bells the cat.
     즉시 해결되어야만 하는 문제는 누가 고양이에게 방울을 다느냐 하는 것이다.

2. "at once"는 「동시에」라는 의미로 쓰이는 수도 있다. (= at the same time)

   - All the boys began to sing *at once*.
     소년들 모두가 **동시에** 노래하기 시작했다.
   - There will of course be mistakes, and we may suggest that one of them is trying to do many things *at once*.
     물론 잘못이 있을 것이다. 그리고 그 중의 하나는 많은 일을 **한꺼번에** 해치우려고 하는 것이라고 말할 수 있다.

He is at once stern and tender.

해석 그는 엄격하기도 하고 상냥하기도 하다.

어구 stern : 엄격한   tender : 친절한, 부드러운

설명
"at once ... and ~"는 「…하기도 하고 ~하기도 한」이라는 의미를 나타낸다. (=both ... and ~) (문형 19 참조)

- The student was *at once* eager *and* attentive.
  그 학생은 열심**이기도 하고** 차근차근**하기도 했다**.
  (=The student was *both* eager *and* attentive.)

- This has been *at once* the main cause of progress *and* the main obstacle to progress.
  이것은 진보의 주된 원인**이기도 하고** 진보의 주된 장애**이기도 했다**.

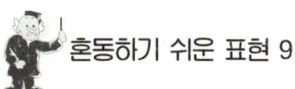

혼동하기 쉬운 표현 9

169
- **be about to ...** : 막 …하려고 하다
- **be going to ...** : 〃
- **be on the point of ...** : 〃

The sun was about to set below the horizon.

[해석] 해가 막 수평선 아래로 지려고 하고 있었다.

[설명]

be about to + 원형은 바로 가까운 미래를 나타내며 「막 …하려고 하다」라는 의미를 나타낸다. 이 표현은 문어적이다.

- When I called on him, he *was about to leave* home.
  그를 찾아갔을 때 그는 막 집을 나가려고 하던 참이었다.

- He received the paper with a frown on his face, and *was about to roll* it up into a ball.
  그는 찌푸린 얼굴로 그 서류를 받아서 그것을 공처럼 둘둘 말려고 하고 있었다.

I am just going to write a letter to him.

[해석] 나는 그에게 막 편지를 쓸 참이다.

[설명]

1. be going to + 원형은 「막 …하려고 하다」라는 의미를 나타낸다 (=be about to). 앞서 설명한 be about to + 원형에 비해 구어적으로, 보통 이 표현을 많이 사용한다.

    - When I got to the airport, the airplane *was going to take off*.
      내가 공항에 도착했을 때 비행기는 막 이륙하려고 하고 있었다.

- When you *are going to get in* a bus, be careful not to board it until it has completely stopped.
  버스에 **타려고 할** 때는 버스가 완전히 멈출 때까지 타지 않도록 조심하시오.

2. be going to + 원형은 의지를 포함해서 「…할 작정이다」라는 의미를 나타내는 데도 사용된다.

- What *are you going to be* in the future?
  너는 장래에 **무엇이 될 작정이니**?
- How long *are you going to stay* in England?
  너는 영국에 얼마나 **체류할 작정이니**?

The train **was on the point of leaving** the station.

해석 기차는 막 역을 출발하려 하고 있었다.

설명

"be on the point of …"는 「막 …하려 하고 있다」라는 의미로 아주 가까운 장래를 나타낸다. of 다음에는 동명사(~ing) 또는 명사가 온다. "on" 대신에 "at"을 사용할 때도 있다.

- When the doctor was sent for, he *was on the point of dying*.
  의사를 불렀을 때 그는 **막 숨을 거두려는 참이었다**.
- We suffered more from hunger than from any other cause. We *were on the point of starvation*.
  우리들은 무엇보다도 굶주림으로 고생했다. 우리들은 **굶어죽기 직전이었다**.

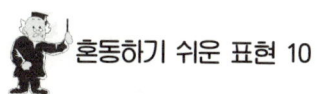

혼동하기 쉬운 표현 10

170
because ... : 왜냐하면 ...
because of ... : ...때문에

> He must have passed this way, **because** there is no other road.

[해석] 그는 이 길을 통과했음에 틀림없다. **왜냐하면** 다른 길이 없으니까.

[설명]

1. "because"는 「왜냐하면」이라는 의미의 접속사이다. (= for the reason that)

    - He cannot vote, *because* he is a minor.
      그는 투표할 수 없다. **왜냐하면** 미성년자이므로.
    - Men climb Mt. Everest, explore the bottom of the sea, and sail to the far corners of the earth, *because* they are born explorers.
      인간은 에베레스트 산을 오르고 해저를 탐험고 또 멀리 지구 끝까지 항해하기도 한다. **왜냐하면** 그들은 태어나면서부터 탐험가이기 때문이다.

2. "because"는 부정어 또는 only, simply등과 함께 쓰여 「...라고 해서」「...라는 이유만으로」라는 의미를 나타낸다. (문형 59 참조)

    - You should not despise a man *because* he is poor.
      가난**하다고 해서** 사람을 경멸해서는 안 된다.
    - He lost his position only *because* he refused to tell a lie.
      그는 거짓말하는 것을 거절**하였다는 이유만으로** 지위를 상실하였다.

> **She couldn't come because of her father's sudden illness.**

해석 그녀는 부친의 급한 병환 때문에 올 수가 없었다.

설명 "because of …"는 「…때문에」라는 의미를 나타내며 전치사 역할을 한다. (= on account of, owing to)

- He couldn't start on that day *because of* the storm.
  그는 폭풍 **때문에** 그날 출발할 수 없었다.
- *Because of* his great age he could not walk so fast as the others.
  나이가 많기 **때문에** 그는 다른 사람들처럼 빨리 걸을 수가 없었다.

Test Yourself!

다음을 우리말로 옮기세요.

1. There is no reason at all why we should grumble about our climate.
   hint grumble [grʌ́mbəl] : 불평하다

2. The mother has countless dull chores to do, especially when she is caring for little children.
   hint countless : 무수한   dull [dʌl] : 재미없는   chore[tʃɔːr] : 잡일, 허드렛일

3. At present the number of books written by foreigners about Korea reaches many hundreds; every year at least a dozen new books appear on the subject.
   hint subject : 제목

4. I was not in the least surprised, for I had fully expected as much.
   hint as much = so

5. When a man decides to do a thing for himself and does it at once, it will be done.
   hint for himself : 혼자 힘으로

6. The President is about to demonstrate this resolve more dramatically and with a greater expenditure of physical effort than ever before since he entered the White House.
   hint demonstrate [démənstrèit] : 증명하다, 실증하다   resolve [rizʌ́lv] : 결의
   dramatically [drəmǽtikəli] : 극적으로   expenditure [ikspénditʃər] : 지출, 소비   physical [fízikəl] : 육체의

7. I am going to send this article to a magazine editor for publication when I have written it.
   hint article [áːrtikl] : 기사   editor [édətər] : 편집자   publication : 출판

8. The tables and chairs in the cabin are moving as rapidly as the ship, yet we don't generally see them moving, because we are also traveling with the ship.

9. Human beings differ from the beasts largely because of their ability to learn, to know, and to understand.
   hint human beings : 인간   differ [dífər] : 다르다, 틀리다

Answer

1. 우리들이 우리 나라의 기후에 대하여 불평할 이유는 조금도 없다.

2. 어머니는 해야 할 재미없는 잡일이 무수히 많다. 어린아이들을 돌보고 있을 때는 특히 그렇다.

3. 현재 한국에 대하여 외국인이 쓴 책의 수는 수백 권에 달한다. 이 주제에 관해서 매년 적어도 대략 12권 정도의 새 책이 출판되고 있다.

4. 나는 조금도 놀라지 않았다. 왜냐하면 나는 그러리라고 충분히 예상하고 있었기 때문이다.

5. 혼자 힘으로 하나의 일을 하려고 결심하고 곧 그것을 실천하면 그 일은 성사될 것이다.

6. 대통령은 이 결의를 그가 대통령으로 취임한 이래 지금까지 볼 수 없었을 정도로 극적으로 그리고 육체적으로 노력을 기울여 실증하려고 하고 있다.

7. 나는 이 기사를 끝마치면 출판하기 위해서 잡지 편집자에게 보낼 예정이다.

8. 선실의 테이블이나 의자는 기선과 같은 속력으로 움직이고 있다. 그러나 우리들에게는 대개 그것들이 움직이고 있는 것이 보이지 않는다. 왜냐하면 우리들도 또한 기선과 함께 움직이고 있기 때문이다.

9. 인간은 주로 배우려는 능력과 알려는 능력 그리고 이해하는 능력이 있기 때문에 동물과 다르다.

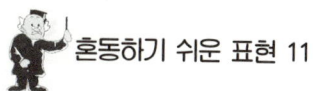 혼동하기 쉬운 표현 11

171
beside ... : …의 옆에
besides ... : …와에(도)

He sat **beside** me at dinner.

해석 그는 저녁 식사 때 내 옆에 앉았다.

설명

1. "beside ..."는 「…의 옆에」라는 의미의 전치사이다. (= at or by the side of)

    - The house *beside* the river is my uncle's.
      강가에 있는 집은 나의 아저씨의 집이다.
    - The cat curled herself up *beside* him.
      고양이는 그의 곁에 웅크리고 앉았다.

2. "beside ..."가 「…을 벗어나(= away from ...)」「…와 비교하여(= compared with ...)」라는 의미로 사용될 때도 있다.

    - Your comments are *beside* the mark.
      너의 논평은 핵심을 **벗어나** 있다.
    - *Beside* Esperanto English is difficult to learn.
      에스페란토어에 **비하면** 영어는 배우기 어렵다.

3. "beside oneself"는 「제정신을 잃고」「흥분하여」라는 의미를 나타낸다.

    - When I heard the news, I was *beside myself* with joy.
      그 소식을 들었을 때, 나는 기뻐서 **어쩔 줄 몰랐다**.

> **There was another visitor *besides* me.**

해석 나 이외에도 또 한 사람의 방문객이 있었다.

설명

1. "besides …"(-s가 붙어 있다)는 「…외에(도)」라는 의미의 전치사이다. (= in addition to)

    - *Besides* these, there are many smaller countries.
      이 **외에도** 더 작은 나라가 많이 있다.
    - *Besides* nursing the sick person, she had to take care of her children.
      그녀는 그 환자를 간호하는 **이외에도** 자기 아이들을 돌보지 않으면 안 되었다.

2. "besides …"가 부정문에 쓰이면 「…외에(는)」「…을 제외하고(는)」이라는 의미가 된다. (= except)

    - I have no friend *besides* you in this town.
      나는 이 마을에서 너 **말고는** 친구가 없다.

3. besides가 「게다가, 그 밖에」라는 의미의 부사로 사용될 때도 있다. (즉 뒤에 명사나 대명사가 오지 않는다)

    - It is too late to go; *besides*, I am sleepy.
      너무 늦어서 갈 수 없다. **게다가** 졸립다.
    - *Besides*, every one probably has to hurry off to be in time for business.
      게다가 모두가 아마도 일할 시간에 맞게 서둘러 가지 않으면 안 된다.
    - He gave me the books and some money *besides*.
      그는 나에게 그 책들과 **그 밖에** 약간의 돈을 주었다.

혼동하기 쉬운 표현 12

172
but ... : 그러나 …
though ... : …이지만

His parents were poor, but they were honest.

[해석] 그의 부모는 가난했다. **그러나** 정직했다.

[설명]

1. "but ..."은 대등한 어구 또는 절을 결합하는 접속사로서 「그러나」라는 의미를 나타낸다.

    • I should like to come, *but* I haven't time.
    나는 오고 싶다. **그러나** 시간이 없다.

    • Excuse me, *but* aren't you Mr. Lee?
    실례**지만**, 이 선생님 아니십니까?

2. "but ..."과 같은 의미로 "however"가 있다. 보통 문장의 중간에 두는 수가 많다.

    • Since the end of the Korean War, *however*, Korea has been making her way towards a welfare state.
    그렇지만 한국전쟁이 끝난 이래 한국은 복지국가의 방향으로 나아가고 있다.

    • These are not all, *however*.
    그러나 이것이 전부는 아니다.

Though he may be foolish, he is kind-hearted.

[해석] 그는 어리석을지도 모르**지만**, 마음은 상냥하다.

> 설 명

1. "though ..."는 종속절을 이끄는 접속사로서 「…이지만」이라는 의미를 나타낸다. 또한 「하긴(하기야) …이지만」이라는 의미로 사용될 때도 있다.

   - *Though* the history of the college is old, its buildings are up-to-date.
     그 대학의 역사는 오래 되었**지만**, 건물은 최신식이다.
   - The earning of money should be a means to an end, *though* there are many people who do not think so.
     돈을 번다는 것은 목적을 이루기 위한 수단이어야 한다. **하긴** 그렇게 생각하지 않는 사람이 많**지만**.

2. "though ..."가 「비록 …할지라도」라는 의미로 사용되는 때도 있다. (=even if)

   - It's worth attempting *though* we fail.
     비록 실패**할지라도**, 그것은 시도해 볼 만한 가치가 있다.
   - *Though* I were starving, I would not ask a favor of him.
     비록 굶주려**도**, 그에게 도움을 청하진 않겠다.

3. "although"도 "though"와 같은 의미로, 보통 문장 머리에 둔다.

   - *Although* my mother met me each morning with a happy smile, she walked with slower movement.
     어머니는 매일 아침 웃는 낯으로 나를 맞아 주셨**지만**, 이전보다 걸음걸이가 느렸다.
   - *Although* he told the truth, none of them believed what he said.
     그는 사실을 이야기했**지만**, 그들 중 아무도 그의 말을 믿지 않았다.

혼동하기 쉬운 표현 13

173
by ... : …까지는
till ... : …까지

He will certainly come *by* three o'clock.

해석 그는 3시**까지는** 틀림없이 올 것이다.

설명

"by"가 「때」를 나타내는 전치사로 사용되는 경우에는 「…까지는」이라는 의미로 완료의 시한을 나타낸다. (= not later than)

- Please return to me *by* tomorrow the book I lent you the other day.
  일전에 빌려 드린 책을 내일**까지는** 돌려 주세요.

- He intended to have finished the work *by* Dec. 31.
  그는 12월 31일**까지는** 그 일을 끝낼 작정이었다.

Please stay here *till* tomorrow.

해석 내일**까지** 이곳에 머물러 주세요.

설명

1. "till"은 "by"와 마찬가지로 「때」를 나타내는 전치사인데, 「…까지(내내)」라는 의미로서 계속의 종지점을 나타낸다. (= up to the time)

- He works hard from morning *till* night.
  그는 아침부터 밤**까지** 열심히 일한다.

- Not *till* then did I realize the danger of the situation.
  그때**까지** 나는 사태의 위험을 깨닫지 못했다. (= 그때가 되어서야 비로서 사태의 위험을 깨달았다)

2. "till"은 접속사로서 「…할 때까지」라는 의미로 쓰일 때도 있다.

- Please wait *till* it stops raining.
  비가 그칠 **때까지** 기다려 주세요.
- Instead of setting to work, he waited *till* it was too late.
  일을 시작하기는 커녕, 그는 늦어 버릴 **때까지** 기다렸다.

3. "until"도 "till"과 마찬가지로 「…까지」라는 의미를 나타낸다. 문장 머리에서는 until을 많이 사용한다.

- *Until* he returns, nothing can be done.
  그가 돌아올 때**까지는** 아무 일도 안 된다.
- Women are commonly not satisfied *until* they have husbands and children on whom they may center their affections.
  여자란 보통 그녀들의 애정을 집중시킬 수 있는 남편과 아이들을 갖기 전**까지는** 만족하지 않는다.

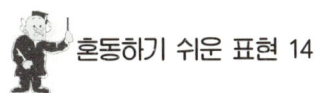
혼동하기 쉬운 표현 14

174
during ... : …동안
while ... : …하고 있는 사이에

During the night the rain changed to snow.

해석 그날 밤 **동안에** 비는 눈으로 변했다.

설명

1. "during ..."은 「…동안」「…사이에」라는 의미이다. 이것은 전치사이기 때문에 다음에 명사가 온다.

    • I had a queer experience *during* my stay in France.
      나는 프랑스에 머무는 **동안에** 기묘한 경험을 했다.
    • *During* the course of this delightful tour, I have thought of you perpetually.
      이 즐거운 여행 **동안에** 나는 당신에 대해 줄곧 생각하고 있었습니다.

2. "during ..."과 비슷한 전치사로는 "through"가 있다. "through"는 「…의 처음부터 끝까지」「…중 내내」를 의미한다.

    • He sat up all *through* the night.
      그는 밤새도록 자지 않고 있었다.
    • I stayed at Cheju *through* the vacation.
      나는 휴가 **중 내내** 제주에 머물러 있었다.

He fell asleep **while** he was reading.

해석 그는 책을 읽고 있는 **사이에** 잠들어 버렸다.

설명

1. "while ..."은 「…하고 있는 사이[동안]에」라는 의미의 접속사로서 기간을 나타낸다. (=during the time that)

    - *While* there is life, there is hope.
      생명이 있**는 동안은** 희망이 있다.
    - Everybody listened to her *while* she spoke.
      그녀가 말하고 **있는 동안** 모두 그녀의 말에 귀를 기울였다.

2. "while ..." 다음의 주어와 be동사는 종종 생략된다.

    - Sit down *while* (you are) waiting.
      기다리고 **있는 동안** 앉으세요.
    - He had an accident *while* (he was) on the way here.
      그는 이곳으로 오**는 도중에** 사고를 당했다.

3. "while ..."은 대조를 나타내어 「그런데 한편(으로는)」이라는 의미로 사용될 때도 있다.

    - *While* my brother has made a fortune, I have remained poor.
      형은 재산을 모았**는데**, 나는 지금도 가난하다.
    - *While* I admit its difficulty, I don't think it impossible.
      그 어려움은 인정하**지만** 그것이 불가능하다고는 생각하지 않는다.

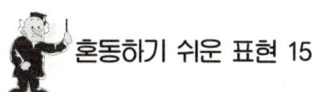

혼동하기 쉬운 표현 15

175
ever : 언젠가(이전에), 일찍이
once : 이전에, 한 번

Have you *ever* made a round-the-world trip?

[해석] 당신은 이전에 세계 일주 여행을 한 적이 있습니까?

[설명]

1. "ever"는 의문문이나 조건문에 사용되어 「언젠가」「일찍이」라는 의미를 나타낸다. (=at any time)

   • Did you *ever* go to such a place by yourself?
   너는 **언젠가** 혼자서 그런 곳에 가 본 적이 있니?

   • If you *ever* come this way, don't forget to drop in.
   언젠가 이쪽에 오시는 **일이 있으면** 꼭 들러 주십시오.

2. "ever"가 부정문 또는 최상급 등과 함께 쓰이면 「지금까지」「일찍이」 등의 의미를 나타낸다.

   • No one has *ever* done so before.
   아무도 **지금까지는** 그렇게 한 사람이 없다.

   • Shakespeare is the greatest dramatist that has *ever* lived in England.
   셰익스피어는 **일찍이** 영국에 살았던 위대한 극작가이다.

3. "ever"가 긍정문에서 「항상」「언제나」라는 의미로 사용될 때도 있다. (=always)

   • He works as hard as *ever*.
   그는 **언제나** 열심히 공부한다.

   • She has been ill in bed *ever* since.
   그녀는 그후 **내내** 아파서 누워 있다.

There **once** lived an old man in the village.

해석 한때 그 마을에 한 노인이 살고 있었다.

설명

1. "once"는 「이전에」 「한때」라는 의미를 나타낸다. (= at one time)

    - George was reminding himself of what she had *once* told him.
    조지는 그녀가 **이전에** 자기에게 한 말을 생각해 내고 있었다.
    - I was very fond of him *once*.
    나는 **한때** 그를 매우 좋아했다.

2. "once"가 「한 번」이라는 의미로 사용될 때가 있다. (= on one occasion)

    - The earth goes round the sun *once* a year.
    지구는 일 년에 **한 번** 태양의 주위를 돈다.
    - When *once* he understands, he never forgets.
    그는 **한번** 이해하면 결코 잊지 않는다.

Test Yourself!

다음을 우리말로 옮기세요.

1. There are many other factors besides historical ones that deserve our attention.
   hint factor [fǽktər] : 요인   deserve [dizə́:rv] : 받을 가치가 있다

2. Most of the games we now play are of ancient origin, but sport does not seem to have been taken very seriously between Roman times and the nineteenth century.
   hint origin [ɔ́ridʒin] : 기원   seriously : 진지하게

3. There are two of these which, though harmless in themselves, are a source of intense irritation in a family.
   hint harmless : 무해한   intense [inténs] : 강렬한, 격렬한
   irritation : 초조감, 속타게 함

4. By the end of the fourteenth century, as we have seen, the Midland dialect was established as standard English.
   hint dialect [dáiəlèkt] : 방언   establish [istǽbliʃ] : 확립하다

5. We rattled through an endless labyrinth of gas-lit streets until we emerged into Farringdon Street.
   hint rattle [rǽtl] : (차 따위가) 덜거덕거리며 달리다   labyrinth [lǽbərinθ] : 미로
   emerge [imə́:rdʒ] : 나오다, 나타나다

6. Any linguistic instruction given during the Middle Ages was concerned with the acquisition and use of Latin.
   hint linguistic [liŋgwístik] : 언어의   instruction [instrʌ́kʃən] : 교육, 교훈
   acquisition [ækwəzíʃən] : 습득

7. Civilized life affords plenty of opportunities for heroes and for a better kind than war or any other savagery has ever produced.
   hint civilized [sívəlàizd] : 문화적인   savagery [sǽvidʒəri] : 미개상태, 야만

Answer

1. 역사적 요인 외에 우리들의 주목을 받을 만한 많은 다른 요인이 있다.

2. 우리들이 지금 하고 있는 경기의 대부분이 옛날부터 있던 것이다. 그러나 스포츠가 로마시대와 19세기 사이에는 그다지 진지하게 다루어졌던 것 같지 않다.

3. 본래는 무해하지만 가족 중에 대단한 초조감을 빚어내는 근원이 이것들 중에 두 가지가 있다.

4. 우리들이 이미 보아 왔듯이 14세기 말까지는 영국 중부 지방의 방언이 표준 영어로서의 지위를 확립했다.

5. 우리들은 가스등이 켜진 거리의 끝없는 미로를 덜거덕거리며 지나서 마침내 파링돈 가로 나왔다.

6. 중세기 동안에 주어진 언어교육은 어떤 것이든 라틴어의 습득과 용법에 관계되는 것이었다.

7. 문명생활은 영웅들이나 뛰어난 부류의 사람들에게 전쟁이나 기타 야만 행위가 지금까지 빚어냈던 것보다 많은 기회를 제공한다.

혼동하기 쉬운 표현 16

176
a few : 조금(의)
few : 거의 없는

> I don't feel lonely as I have **a few** friends here.

[해석] 나는 이 곳에 친구들이 좀 있기 때문에 외롭지 않다.

[어구] lonely : 쓸쓸한, 외로운

[설명]

1. "a few"는 「조금 있는」「약간수(의)」라는 의미를 나타낸다. 다음에 명사를 동반하는 경우는 형용사로, 단독인 경우는 대명사로 사용된다.

   - *A few* light taps upon the pane made him turn to the window.
     두세 번 유리창을 가볍게 두드리는 소리를 듣고서 그는 창 쪽으로 향했다.

   - Only *a few* could understand what he said.
     극히 **소수의** 사람들만이 그가 한 말을 이해할 수 있었다.

2. "a few"의 부정형인 "not a few"는 「적지 않은」「상당수의」라는 의미를 나타낸다. (=many)

   - Among the greatest discoveries of science *not a few* have been made by accident.
     과학의 가장 위대한 발견 중에는 우연에 의해서 이루어진 것이 **적지 않다**.

   - *Not a few* people failed to see his intention.
     상당수의 사람이 그의 의도를 알아채지 못했다.

There are *few* things more important than health.

[해 석] 건강보다 중요한 것은 거의 없다.

[설 명]
"few"에 a가 붙지 않으면 「거의 없다」「조금도 없다」라는 의미의 전치사이다.

- There were *few* passengers who escaped without serious injury.
  중상을 입지 **않고** 피한 승객은 **거의 없었다.** (= 대부분의 승객은 중상을 입었다)

- Many can read English, but *few* can write it well.
  영어를 읽을 줄 아는 사람은 많지만, 능숙하게 쓸 줄 아는 사람은 **거의 없다.**

- He is a man of *few* words.
  그는 말이 **거의 없는** 사람이다.

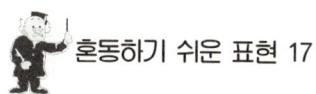

혼동하기 쉬운 표현 17

17
a little : 조금(의)
little : 거의 없는

> You need not hurry. We have still **a little** time left.

[해석] 너는 서두를 필요가 없다. 아직 시간이 조금 남아 있다.

[설명]

1. "little"은 「조금의」「얼마간의」라는 의미를 나타낸다. "little"은 사물의 분량을 나타내고, a가 붙으면「있다」쪽에 중점을 두어「조금은 있다」라는 의미를 나타낸다.

   • You will have *a little* difficulty in persuading him.
   네가 그를 설득시키기는 **좀** 어려울 것이다.

   • *A little* learning is a dangerous thing.
   어설픈 학식은 위험한 것이다. (= 선무당이 사람 잡는다)

2. "a little"을 단독으로 사용하면「얼마 안 되는 것」「사소한 것」이라는 의미를 나타낸다. 이 경우에는 대명사 역할을 한다.

   • He knows *a little* of everything. 그는 무엇이든 조금 알고 있다.

   • Man may be happy with *a little*.
   사람은 **사소한 것**으로도 행복할 수 있다.

3. "a little"이 정도를 나타내는 부사로서「조금」이라는 의미로 사용되기도 한다.

   • With *a little* more capital, they would be sure to succeed.
   조금 더 자본이 있으면 그들은 틀림없이 성공할 텐데.

   • The healthy mind looks *a little* ahead, and not too much behind.
   건전한 마음을 가진 사람은 **약간** 앞서서 장래를 바라보고, 과거를 지나치게 되돌아보지 않는다.

4. "not a little"은 「적잖은」「적지 않게」라는 의미를 나타낸다. (=much)

- He has done *not a little* contribution to science.
  그는 과학에 **적잖은** 공헌을 했다.
- He was *not a little* surprised at the news.
  그는 그 뉴스를 듣고 **적지 않게** 놀랐다.

There is little hope of his recovery.

해석 그가 회복할 가망은 거의 없다.

설명

1. "little"에 a가 붙지 않은 경우에는 「없다」쪽에 중점을 두어 「거의 없다」라는 의미를 나타낸다.

   - He has *little* knowledge of medicine.
     그는 의학에 대한 지식이 **거의 없다**.
   - He has seen *little* of the world. 그는 세상 물정을 **거의 모른다**.
   - So *little* do I rely on his memory.
     그의 기억력은 **거의** 의존할 것이 **못 된다**.

2. "little"을 부사로서 dream(몽상하다), expect(기대하다), imagine (상상하다), know(알고 있다), think(생각하다) 등의 동사와 함께 사용하면 "not ... at all"「조금도 …아니다」의 의미가 된다.

   - I *little* dreamed that you would get the prize.
     나는 네가 상을 받으리라고는 **꿈에도 생각지 않았다**.
   - He *little* thought what would become of those children.
     그는 그 아이들이 어떻게 될 것인가를 **생각조차 하지 않았다**.

   (a) little, (a) few의 관계는 다음과 같다.

a little	조금 있는 (양) (긍정)	+ 단수 불가산명사
little	거의 없는 (양) (준부정)	
a few	조금 있는 (수) (긍정)	+ 복수 불가산명사
few	거의 없는 (수) (준부정)	

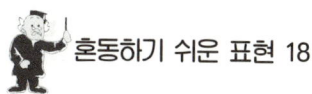

혼동하기 쉬운 표현 18

178
- **first** : 우선, 첫째로
- **at first** : 처음에는
- **for the first time** : 처음으로

He *first* asked my name.

해석 그는 <u>우선</u> 내 이름을 물었다.

설명

1. "first"가 부사로 사용되면 「우선」「첫째로」라는 의미를 나타낸다.
   (= before everything else)

   • I must get this done *first*.
   우선 이것을 해치우지 않으면 안 된다.

2. "first"가 「제1위」「수석」이라는 의미로 사용되기도 한다.

   • He ranks *first* in his class.
   그는 학급에서 **수석**이다.
   (= He is at the top of his class.)

3. "first"가 「처음으로」라는 의미를 나타낼 때도 있다.
   (= for the first time)

   • I *first* met him in Seoul three years ago.
   나는 3년 전 서울에서 그를 **처음으로** 만났다.
   • The Soviet Union *first* succeeded in sending up a man-made satellite in October, 1957.
   소련은 1957년 10월에 인공위성을 쏘아 올리는 데 **처음으로** 성공하였다.

> **At first** I found it difficult to write English.

해 석 처음에는 영어를 쓰는 것은 어려운 것이라고 생각했다.

설 명
"at first"는 「처음에는」「최초에는」이라는 의미를 나타내며 부사 역할을 한다. (= at the beginning)

- He had changed so much that I could not recognize him *at first*.
  그가 너무 많이 변했기 때문에 **처음에는** 그를 알아보지 못했다.

- *At first* I could not understand what he said.
  처음에는 나는 그가 하는 말을 이해할 수 없었다.

> Education for many became possible **for the first time**.

해 석 많은 사람들을 위한 교육이 처음으로 가능하게 되었다.

설 명
"for the first time"은 「처음으로」라는 의미를 나타내며 부사 역할을 한다.

- You had better not talk too much, when you meet anybody *for the first time*.
  처음으로 누군가를 만났을 때 너무 많이 이야기하지 않는 편이 좋다.

- *For the first time* in his life he could not sleep.
  태어나서 **처음으로** 그는 잠을 잘 수가 없었다.

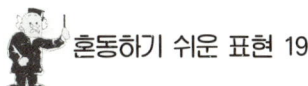
혼동하기 쉬운 표현 19

179

God saves the queen. : 신은 여왕을 도우신다.
God save the queen! : 신이 여왕을 도우시기를!

God **saves** the queen.

[해 석] 신은 여왕을 <u>도우신다</u>.

[설 명]

"God saves the queen."의 saves는 직설법 현재로서 주어가 3인칭 단수이므로, 동사의 어미에 -s를 붙인다. 직설법 현재는 현재의 사실, 습관적 동작, 불변의 진리 등을 나타낼 때 사용된다.

- He *is* in bed with a touch of cold.
  그는 감기 기운으로 침대에 누워 **있다**.
- I *get up* at seven every morning.
  나는 매일 아침 7시에 **일어난다**.
- Plants *breathe* just as we do.
  식물은 우리들과 똑같이 **호흡을 한다**.

God **save** the queen!

[해 석] 신이 여왕을 <u>도우시기를!</u>

[설 명]

1. "God save the queen!"의 save가 가정법 현재로 예문과 같이 독립문에 사용되면 「…이기를」이라는 기원의 의미를 나타낸다.
   가정법 현재는 동사의 원형을 사용한다. 따라서 be동사는 주어의 인칭, 수 여하에 관계없이 항상 be이며, 일반동사는 주어가 3인칭 단수

이더라도 -s를 붙이지 않는다. 이 용법은 보통 정해진 표현에만 사용된다. 조동사 "may"를 사용할 때도 있다.

- God *bless* you!
  하느님이 당신에게 **축복을 내리시기를**!
  (= May God bless you!)

- Long *live* the Emperor!
  황제께서 오래 **사시기를**! (= 황제 만세!)
  (= May the Emperor live long!)

2. 또한 가정법 현재는 주장, 제안, 명령 등을 나타내는 주절을 이끄는 that절 안에 사용될 때가 있다. 특히 미국식 영어에 많다. 이 경우 영국식 영어에서는 <u>should+원형</u>을 사용한다.

- He insisted that the doctor (should) *be sent for* at once.
  그는 의사를 즉시 **불러야 한다**고 주장했다.
- We suggested to her that we (should) *go* on a picnic the following Sunday.
  우리들은 다음 일요일에 소풍을 **가자**고 그녀에게 제안했다.

혼동하기 쉬운 표현 20

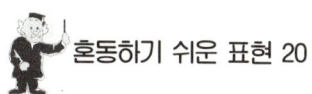

180
have a house built : 집을 짓게 하다
have him built a house : 그에게 집을 짓게 하다

My uncle has recently had a house built.

[해석] 나의 아저씨는 최근 집을 지었다(=신축했다).

[설명]
have + 목적어 + 과거분사는 「…을 ~하게 하다」「…해받다」라는 의미를 나타낸다. have는 「(아무에게) …하게 하다」「…시키다」「…해받다」라는 의미로 사용된다. have 다음에는 행위를 받는 「사물」이 온다. 의지가 포함되지 않은 경우에는 「…하게 되다」라는 의미가 된다. "have" 대신에 "get"을 사용할 때도 있다. (문형 183 참조)

- Please *have this luggage brought* to my house.
  이 짐을 집까지 **가져오게 해 주세요**.
- We ought to *have her examined* by the doctor.
  그녀가 의사의 **진찰을 받도록 하지** 않으면 안 된다.
- He *had his house burnt* down in the fire.
  그는 화재로 집을 **태워버렸다**.

My aunt has recently had the carpenter build a house.

[해석] 아주머니는 최근 그 목수에게 집을 짓게 했다.

[설명]
1. have + 목적어 + 원형은 「…으로 하여금 ~하게 하다」「…해받다」 또는 「…하게 되다」라는 의미를 나타낸다. 이 경우 have 다음에는 행위를

하는 「사람」이 온다. (문형 31 참조)

- Shall I *have him come* here at once?
  그에게 즉시 이곳으로 **오라고 할까요**?

- Do to others as you would *have them do* to you.
  다른 사람이 당신에게 **해주었으면 싶은** 대로 다른 사람에게 해주시오.

- He *had his only son die.*
  그는 **외아들이 죽었다.**

2. "have" 대신에 "get"을 쓸 때에는 <u>get + 목적어 + to ...</u>의 형을 사용한다.

- I could not *get him to believe* it.
  나는 그것을 **그에게 믿게** 할 수가 없었다.

Test Yourself!

다음을 우리말로 옮기세요.

1. Happiness is perfume you cannot pour on others without getting a few drops on yourself.
   hint perfume [pə́:rfju:m] : 향수

2. Everyone desires money and leisure, but few people seem to know how to use them properly.
   hint properly [prápərli] : 올바르게

3. There is very little that is of much interest to the traveler in a country road in November.

4. The best advice that old age can offer youth is first to make sure of its ideals and then to spare no labour to achieve them.
   hint spare : 아끼다   labour : 노동, 노력

5. The thing that would astonish anyone coming for the first time into the service quarters of a hotel would be the fearful noise and disorder during the rush hours.

6. God bring you back safe to your mother's arms!

7. Unless you make mistakes and have them corrected, you cannot hope to write English well.

8. I would have an author publish a book only when the compulsion to publish it becomes greater than he can resist.
   hint publish [pʌ́bliʃ] : 출판하다   compulsion [kəmpʌ́lʃən] : 강요, 강제

Answer

1. 행복이란 다른 사람에게 부으면 반드시 자신에게도 몇 방울 뿌려지는 향수이다.

2. 누구나 다 돈과 여가를 희망하지만 그것들을 올바르게 쓰는 방법을 아는 사람은 극히 드문 것 같다.

3. 11월에 시골길을 걷는 여행객에게 대단히 흥미있는 것은 거의 없다.

4. 노인이 청년에게 줄 수 있는 최선의 충고는 먼저 그 이상을 확인하고 다음에 그것들을 달성하기 위해 노력을 아끼지 말라는 것이다.

5. 호텔 조리실에 처음으로 들어가는 사람을 놀라게 하는 것은 러시아워 때의 무시무시한 소음과 혼란일 것이다.

6. 하느님이 당신을 어머니 품안으로 무사히 돌려보내 주시기를!

7. 만약 당신이 실수를 하고 그것들을 정정하여 받지 않으면 영어를 능숙하게 쓴다는 것은 바랄 수 없다.

8. 나는 저자에게 그것을 출판하려는 충동이 도저히 억제되지 못할 만큼 커졌을 때 비로소 출판하라고 하고 싶다.

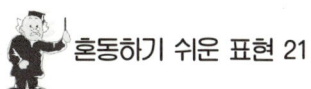

혼동하기 쉬운 표현 21

181

have been to ... : …간 적이 있다

have gone to ... : …에 가 버렸다

> How often **have** you **been** to Cheju-do?

해석 당신은 제주도에 몇 번이나 간 적이 있습니까?

설명

1. "have been to ..."는 「…간 적이 있다」라는 의미를 나타낸다. 「가 본 적이 있다」 「온 적이 있다」라고 경험을 나타내는 경우 go, come의 과거분사를 사용하지 않고, been을 사용하는 것에 주의해야 한다. 또한 보통 ever(언젠가), never(한 번도 …없다), before(이전), once (언젠가), ... times(…번) 등의 부사를 수반할 때가 많다.

- My father *has been to* the United States three times.
  나의 아버지는 미국에 세 번 간 적이 있다.
- Though he *has never been to* England, he speaks English very fluently.
  그는 영국에 한 번도 가 본 적이 없지만, 영어를 매우 유창하게 한다.

2. "have been to ..."를 「…에 갔다 온 참이다」라는 의미로 사용할 때도 있다.

- I *have been to* Kimpo Airport to see my uncle off.
  나는 아저씨를 배웅하러 김포공항에 갔다 온 참이다.

> Mr. Park **has gone to** England to study English literature.

해석 박군은 영문학을 연구하기 위해서 영국으로 갔다.

> 설 명

1. "have gone to ..."는 원칙적으로「...에 가버렸다(그래서 지금 여기에 없다)」라는 의미를 나타낸다. 즉 "have gone to ..."는 경험이 아니라 결과를 나타낸다.

- My friend *has gone to* Hawaii.
  내 친구는 하와이로 **가 버렸다**.
- *Has* your father *gone to* Pusan yet?
  너의 아버지가 벌써 부산에 **가셨을까**?

2. "have come"도 "have gone"과 마찬가지로 결과를 나타낸다.

- He *has come to* Korea for the purpose of studying Korean manners and customs.
  그는 한국의 풍속과 습관을 연구하기 위해서 한국**에 왔다**(지금 한국에 있다).

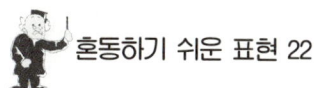

혼동하기 쉬운 표현 22

182
have just read ... : 이제 막 …을 다 읽은 참이다
have once read ... : 언젠가 …을 읽은 적이 있다

I **have just read** the book.

[해석] 나는 이제 막 그 책을 다 읽은 참이다.

[설명]
"have just read ..."는 「이제 막 …을 읽은 참이다」라는 의미를 나타낸다. 즉 have(또는 has) + 과거분사의 형태는 「…한 참이다」라는 동작의 완료를 나타낸다. "just"는 「이제 막」이라는 의미의 부사이다. just 외에도 already(이미), yet(벌써), now(지금) 등을 동반하기도 한다.

- The clock *has* just *struck* ten.
  괘종시계가 이제 막 열 시를 **쳤다**.

- Ten years *have* already *passed* since my father died.
  아버지께서 돌아가신 지 벌써 십 년이 **지났다**.

- He *has spent* all the money that he earned.
  그는 번 돈을 모두 **써 버렸다**.

I **have once read** the book.

[해석] 나는 일찍이 그 책을 읽은 적이 있다.

[설명]
1. have + 과거분사는 「…한 참이다」라는 완료 이외에 「…한 적이 있다」라는 경험을 나타낼 때도 있다. "once"는 「일찍이」라는 의미의 부사

이다. once 이외에 ever(일찍이, 언젠가), never(한 번도 …않다), before(이전에), often(종종, 가끔) 등도 사용된다.

- I *have* never *consulted* a doctor since I came here.
  나는 이 곳에 온 이래로 **한 번도** 의사에게 **진찰받은 적이 없다**.

- I *have met* him somewhere before, but I cannot remember where it was.
  나는 이전에 어디선가 그를 **만난 적이 있**지만, 그곳이 어디였는지 생각이 나지 않는다.

2. 앞서 설명한 것처럼 「간 적이 있다」「온 적이 있다」라고 할 경우에 일반적으로 "have gone", "have come"이라고 하지 않고 "have been"을 사용한다.

- *Have* you ever *been* to Cheju-do?
  너는 **이전에** 제주도에 **간 적이 있니**?

- Yes, I *have* often *been* there with my father.
  예, 나는 아버지와 함께 가끔 **간 적이 있습니다**.

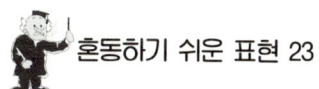

혼동하기 쉬운 표현 23

183

have my photo taken : 내 사진을 찍게 하다
have my arm broken : 내 팔이 부러지다

I must **have my photo taken**.

[해석] 나는 사진을 찍게 하지 않으면 안 된다(나는 사진을 꼭 찍어야 한다).

[설명] have+목적어+과거분사의 의미에 대해서는 문형 180에서 설명하였는데, 여기에는 두 가지의 경우가 있다.「…에게 ~을 하게 하다(시키다)」「…에게 ~을 해 받다」라고 하듯이 주어의 의지를 나타내는 경우와,「…을 ~당하다」「…이 ~되다」와 같이 주어의 의지가 없는 수동의 의미를 나타내는 경우이다. 그 중 어느 경우에 해당되는가는 전후관계에 따라 판단한다. (문형 31 참조)

- I must *have these printed*. 나는 **이것들을 인쇄하게** 해야만 한다.
- He *had his salary raised*. 그는 **월급이 인상되었다**.

Yesterday he **had his arm broken**.

[해석] 어제 그는 팔이 부러졌다.

[설명] 주어의 의지에 의한 것이 아니라 어떤 사고로「팔이 부러졌다」라고 하는 경우에도 have+목적어+과거분사 형을 사용한다.

- I *had my hat blown off* by the wind.
  나는 바람에 **모자를 날려 버렸다**.
- He *had his wallet stolen*. 그는 **지갑을 소매치기 당했다**.

혼동하기 쉬운 표현 24

184

If he is ... : 만일 그가 ...이면
If he were ... : 만일 그가 ...이라면

If he is an honest man, he will speak the truth.

해석 만일 그가 정직한 사람이면, 진실을 말할 것이다.

설명
"If he is honest"는 현재에 대한 불확실한 상상을 나타내며 단순한 조건으로 표현하고 있다. 이와 같은 경우에 If절 안의 동사는 현재형이 쓰인다.

- If a little bit of dust *gets* into ones nose, he sneezes.
  만일 작은 먼지가 콧속에 **들어가면** 재채기를 한다.
- If you *pile* several books one upon the other, the pressure on the bottom book is greater than that on the top one.
  만일 몇 권의 책을 **차곡차곡 쌓아올리면**, 가장 아래에 있는 책에 가해지는 압력은 가장 위에 있는 책에 가해지는 압력보다 크다.

If he were an honest man, he would speak the truth.

해석 만일 그가 정직한 사람이라면, 진실을 말할 텐데.

설명
1. "If he were honest"는 단순한 조건이 아니라 현재 사실에 대한 반대의 가정을 나타낸다. 즉 현재의 사실은 "As he is not an honest man, he will not speak the truth."이다. 이 경우 be동사는 주어의 인칭, 수에 구애되지 않고 항상 **were**를, 일반동사는 과거형(가정법 과거)을 사용한다. 주절의 동사는 조동사의 과거형+원형이지만 과거로

해석해서는 안된다. (문형 144 참조)

- If her population *were* no more than five million, Korea would be a far more comfortable place to live in.
  만일 인구가 불과 5백만 명밖에 안 **된다면**, 한국은 훨씬 살기 좋은 나라가 될 **텐데**.
- If I *knew* what to do, I should do it.
  만일 어떻게 해야 할지 **알고 있다면**, 그렇게 할 **텐데**.
- If I *could* become young again, I would go abroad for study.
  만일 다시 한번 젊어질 수 **있다면**, 나는 외국으로 유학을 갈 **텐데**.

2. If절 안에서 <u>were to</u>+원형을 사용할 때가 있는데, 이것은 실현성이 없거나 극히 적은 미래의 일을 나타낸다.

- If I *were to live* my life again, I would pay more attention to the cultivation of my memory.
  만일 인생을 다시 한번 **되풀이할 수 있다면**, 나는 기억력 신장에 더욱 주의를 기울일 **텐데**.
- If it *were to rain*, what should we do?
  만일 **비라도 내린다면**, 어떻게 하지?

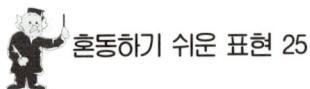
혼동하기 쉬운 표현 25

185
If it were not for ... : 만일 …이 없다면
If it had not been for ... : 만일 …이 없었더라면

If it were not for this fault of his, he would be employed.

해석 만일 그의 이런 결점이 없다면, 그는 고용될 텐데.

설명

1. "If it were not for ..."는 「만일 …이 없다면」이라는 의미를 나타낸다. it은 막연한 사정을 나타내며 특별한 의미는 없다. 주절의 동사는 과거의 조동사+원형을 사용한다. (문형 147 참조)

   • *If it were not for* air and water, no living things could exist.
   만일 공기와 물**이 없다면**, 어떠한 생물도 생존할 수 없을 것이다.

   • *If it were not for* the aid of the forces of nature, man would still be in quite a primitive state.
   만일 자연의 힘의 도움**이 없었다면**, 인간은 아직도 아주 원시적인 상태에 있을 것이다.

2. "If it were not for ..." 대신에 "But for ..." "Without ..."을 사용할 때도 있다. But for는 전치사 역할을 한다.

   • *But for* the sun, the earth would be a barren frozen waste unfit for habitation.
   만일 태양**이 없다면**, 지구는 살기에 적합하지 않은 불모의 얼어붙은 황무지가 될 것이다.

   • *Without* health, no one could hope for success in life.
   건강하지 **않으면**, 아무도 인생에서 성공을 바랄 수 없을 것이다.

If it had not been for your help, I should have failed.

> [해석] 만일 당신의 도움이 없었더라면, 나는 실패하였을 것이다.

> [설명]

1. "If it had not been for ..."는 「만일 …이 없었더라면」이라는 의미 (과거 사실에 반대되는 가정)를 나타낸다. 이 경우 보통 주절의 동사로는 과거의 조동사+have+과거분사를 사용한다.

    • *If it had not been for* the doctor's careful treatment, the patient would not have recovered.
    만일 의사의 주의 깊은 치료가 **없었더라면**, 환자는 회복하지 못했을 것이다.

    • Man would have continued a savage, *if it had not been for* the results of the useful labors of those who preceded him.
    만일 조상들의 유익한 노력의 성과가 **없었더라면**, 인간은 야만인의 상태를 계속했을 것이다.

2. "If it had not been for ..."도 "But for ..." "Without ..."로 나타낼 때가 있다.

    • *But for* (or *Without*) your timely advice, I should have failed.
    너의 시기적절한 충고가 **없었더라면**, 나는 실패하였을 것이다.

Test Yourself!

다음을 우리말로 옮기세요.

1. His aunt Sara has been ill for two weeks and his mother has gone to her home on Gordon Street to see how she is doing.

2. My friend George, whose letter I've just read to you, is coming to see us next week.

3. Yesterday I went for a walk in the park after a long interval, where the cherry trees had their branches almost covered with blossoms.

4. If a state finds its existence endangered it will employ without scruple every weapon that the ingenuity of man has invented for destruction.
   > **hint** endanger [endéindʒər] : 위태롭게 하다　　scruple [skrú:pl] : 주저, 망설임
   > ingenuity [ìndʒənjú:əti] : 독창성, 발명의 재능

5. Copernicus found that the paths of the planets would look simpler if they were looked at from the sun and not from the earth.

6. Newspapers could not be sold so cheaply, if it were not for the immense income derived from advertising.
   > **hint** immense [iméns] : 막대한　　derive [diráiv] : 얻다

7. If it had not been for your assistance, I could not have undertaken this business.
   > **hint** undertake [ʌ̀ndərtèik] : 인수하다

Answer

1. 그의 아주머니 사라는 2주 전부터 앓고 있다. 그의 어머니는 그녀가 어떤 상태인가를 보러 고든가에 있는 그녀의 집으로 갔다.

2. 내가 방금 읽어준 편지를 쓴 내 친구 조지는, 다음 주에 우리들을 보러 올 것이다.

3. 어제 오랜만에 공원으로 산책하러 나갔는데, 그곳의 벚나무들은 가지가 거의 꽃으로 덮여 있었다.

4. 만일 어떤 국가가 그 존재가 위기에 처해 있음을 안다면, 그 국가는 인간의 독창력이 파괴를 위해 발명한 온갖 무기를 주저없이 사용할 것이다.

5. 코페르니쿠스는 행성의 궤도는 만일 그것들이 지구로부터가 아니라 태양으로부터 관찰된다면 더욱 단순하게 보일 것이라는 것을 깨달았다.

6. 만일 광고로부터 얻어지는 막대한 수입이 없다면, 신문은 이렇게 염가로 팔릴 수 없을 것이다.

7. 만일 당신의 원조가 없었다면, 이 일을 인수할 수 없었을 것입니다.

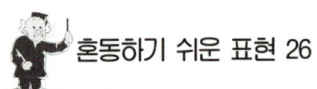

혼동하기 쉬운 표현 26

186
It was he that ... : …한 사람은 그였다
It is true that he ... : 그가 …한 것은 사실이다

It was he that wrote the letter.

해석 그 편지를 쓴 사람은 그였다.

설명

1. 위 예문은 "He wrote the letter." 「그는 편지를 썼다」의 주어 "He"를 강조한 형이다. 이 경우 "that"은 관계대명사로서 그 선행사는 It 이다. (문형 41 참조)

   • *It is thinking that* makes what we read ours.
     우리들이 읽는 것을 우리의 것으로 만드는 **것은 사색이다**.

   • *It is the forests that* make the mountains in Korea look beautiful.
     한국의 산들을 아름답게 보이게 하는 **것은 숲이다**.

2. 강조용법의 "It is ... that ~"의 구문은 문장의 주어뿐만 아니라 목적어, 부사(구나 절)를 강조할 때에도 사용된다.

   • *It is the other one that* I want to see.
     내가 보고 싶은 **것은 다른 것이다**.

   • Perhaps *it is only in childhood that* books have any deep influence on our lives.
     책이 우리의 생활에 어떤 깊은 영향을 주는 **것은 아마도 유년시절뿐일 것이다**.

   • *It is only when he asks for money that* he writes to his father.
     그가 아버지에게 편지를 쓰는 **것은 돈을 보내 달라고 할 때 뿐이다**.

3. 강조하는 것이 사람일 경우에는 "who"를, 사물일 경우에는 "which"를 "that" 대신에 사용하는 수도 있다.

- *It was his own son who was killed.*
  살해된 **사람은 그 자신의 아들이었다.**

- *It is the irreparableness of every action which makes life so difficult.*
  인생을 이렇게 곤란하게 만드는 것은 **모든 행위는 돌이킬 수 없다는 것이다.**

It is true that he wrote the letter.

[해석] 그가 그 편지를 썼다는 것은 사실이다.

[설명]

1. "It is ... that ~"은 「~라는 것은 …이다」라는 의미를 나타낸다. "It"는 that 이하의 명사절을 받는 소위 가주어이다. "that"는 이 경우 접속사이다. (문형 39 참조)

    - *It is certain that the moon is uninhabited.*
      달에 인간이 살고 있지 않는 **것은 확실하다.**

    - *It may be true that most foreigners look alike.*
      대부분의 외국인들이 똑같이 보인다는 **것은 정말일지도 모른다.**

2. "that"을 생략하고 "It is ..."를 문장 가운데에 삽입할 때가 있다.

    - *The psychological causes of unhappiness, it is clear, are many and various.*
      불행의 심리적 원인이 많고도 또한 다양하다는 **것은 명확하다.**

    - *Great men, it is true, are sometimes very careless about their appearance.*
      위대한 사람들이 때로는 자신의 외관에 조금도 신경을 쓰지 않는 **것은 사실이다.**

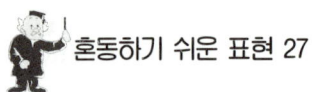 혼동하기 쉬운 표현 27

187

It is needless to say ... : …은 말할 필요도 없다

It is not too much to say ... : …라고 해도 과언은 아니다

It is needless to say that he is honest.

[해 석] 그가 정직하다는 것은 말할 필요도 없다.

[설 명]

1. "It is needless to say ..."는 「…은 말할 필요도 없다」라는 의미를 나타낸다. (= It goes without saying ...)

    • *It is needless to say* that lying is wrong.
      거짓말이 나쁘다는 것은 **말할 필요도 없다**.

    • *It is needless to say* that he is one of the greatest musicians of the day.
      그가 당대 일류 음악가 중 한 사람이라는 것은 **말할 필요도 없다**.

2. "It is needless to say ..." 대신에 "Needless to say ..."「말할 필요도 없이」「물론」을 사용할 때도 있다. 대부분 "Needless to say ..."는 일종의 부사 역할을 한다.

    • *Needless to say*, he never came again.
      말할 필요도 없이, 그는 두 번 다시 오지 않았다.

    • *Needless to say*, health is essential to happiness.
      물론, 건강은 행복에 필수적인 것이다.

It is not too much to say that this is the age of electronics.

해석 현대는 전자공학의 시대라고 해도 과언은 아니다.

설명

"It is not too much to say ..."는 「…라고 해도 과언은 아니다」라는 의미를 나타낸다. (= It is no exaggeration to say ...)

- *It is not too much to say* that he is the father of our school.
  그는 우리 학교의 아버지라고 해도 과언은 아니다.
- *It is not too much to say* that he achieved the great undertaking all by himself.
  그가 혼자서 그 위업을 모두 달성했다고 해도 과언은 아니다.

혼동하기 쉬운 표현 28

188
late : 늦게
lately : 최근에

He arrived **late** for the appointed time.

[해 석] 그는 약속 시간에 **늦게** 도착했다.

[어 구] appointed : 정해진, 약속된

[설 명]

1. "late"는 부사로서 「늦게」「지각하여」라는 의미를 나타낸다. (=after the fixed or expected time)

    • Cherry trees will bloom *late* this year.
    금년은 벚꽃이 **늦게** 필 것이다.

    • He sat up *late* last night reading a novel.
    그는 어젯밤 소설을 읽으면서 **늦게까지** 자지 않고 있었다.

2. 또한 "late"는 형용사로서 「늦은」「이전의」「말기의」라는 의미를 나타낸다.

    • He was *late* for the train. 그는 **늦어서** 기차를 못 탔다.

    • Yesterday I came across my *late* teacher of English in the park.
    어제 공원에서 우연히 **이전의** 영어 선생님을 만났다.

    • The picture was painted by a famous painter in the *late* Choson.
    그 그림은 조선 **말기에** 어떤 유명한 화가가 그린 것이다.

I have not seen him lately.

해석 나는 최근에 그를 만나지 않았다.

설명
"lately"는 부사로 「최근에」라는 의미를 나타낸다 (=not long ago). "lately"는 보통 부정 또는 의문에 사용된다. 긍정일 때에는 "recently"를 사용하는 경향이 있다.

- Have you read any interesting novel *lately*?
  너는 **최근에** 뭔가 재미있는 소설을 읽었니?
- It was only *recently* that he came home from the United States.
  그가 미국에서 귀국한 것은 극히 **최근의** 일이다.

혼동하기 쉬운 표현 29

189
later > latest : 더욱 늦은(게) > 가장 늦은(게)
latter > last : 뒤쪽의 > 최후의

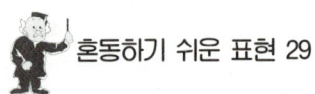

His **later** life gave an example of industry.

[해석] 그의 그 후의 생활은 근면의 한 예를 보여 주었다.

[어구] industry[índəstri] : 근면

[설명] "later, latest"는 각각 late의 비교급, 최상급이지만, "later"는 「(시간이) 더욱 늦은(게)」, "latest"는 「(시간이) 가장 늦은(게)」 「최신의」라는 의미를 나타낸다.

- I will see you *later*.
  나중에 뵙겠습니다.
- This morning he got up *later* than usual.
  오늘 아침 그는 여느 때보다 **늦게** 일어났다.
- This is the *latest* news about the accident.
  이것이 그 사고에 관한 **최신** 뉴스이다.

The **latter half** of the program was very interesting.

[해석] 프로그램의 후반은 매우 재미있었다.

[설명]
1. "latter, last"는 late의 또 다른 비교급, 최상급인데, "latter"는 「(순서가) 뒤쪽의」, "last"는 「(순서가) 최후의」라는 의미를 나타낸다. latter는 보통 직접적으로 명사를 수식할 경우에 사용되며, 간접적으로 보어

로는 사용되지 않는다.

- I cannot understand the *latter part* of his essay.
  나는 그의 수필의 **후반**을 이해할 수 없다.

- The *last* wound he received proved fatal.
  그가 입은 **마지막** 상처는 치명적이었다.

2. "the latter"는 the former(전자)에 대하여 「후자」라는 의미를 나타낸다. (문형 89 참조)

    - I prefer *the latter* to the former.
      나는 전자보다 **후자** 쪽이 좋다.

    - Such advice as *the latter* is not strictly correct.
      후자와 같은 충고는 엄밀하게는 옳지 않다.

3. "last"가 「최후에」「요전에」라는 의미로 사용될 때가 있다. 이것은 부사 역할을 하고 있다.

    - It is five years since I saw you *last*.
      요전에 뵙고 나서 5년이 됩니다.

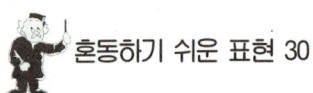

혼동하기 쉬운 표현 30

190
may well ... : ···은 당연하다
may as well ... : ···하는 편이 좋다
might as well ... as ~ : ~하느니 차라리 ···하는 편이 낫다

You may well be surprised at the news.

【해석】 당신이 그 소식을 듣고 놀라는 것은 **당연하다**.

【설명】
"may well ..."은 「···은 당연하다」「···하는 것도 무리가 아니다」라는 의미를 나타낸다. (= You have good reason to ...) (문형 47 참조)

- As she is good birth, she *may well* be proud of it.
  그녀는 태생이 좋기 때문에 그것을 자랑하는 것도 **무리가 아니다**.

- You *may well* ask the reason why he said such a thing.
  당신이 그러한 것을 왜 말했는가를 묻는 것은 **당연하다**.

You may as well begin at once.

【해석】 너는 곧 시작하는 **편이 좋다**.

【설명】
"may as well ..."은 「···하는 편이 좋다」라는 의미를 나타낸다(= had better ...). 이것은 "may as well ... as ~"「~하느니 차라리 ···하는 편이 좋다」에서 끝부분의 as ~가 생략된 형이다.

- You *may as well* tell me all about it.
  당신은 그것에 대하여 모두 이야기하는 **편이 좋다**.

- You *may as well* not do a thing at all *as* do it by halves.
  어떤 일을 어중간하게 **하느니** 아예 하지 않는 **편이 좋다**.

I **might as well** starve **as** live in dishonor.

해석 불명예스럽게 사느니 차라리 굶어 죽는 편이 낫다.

어구 starve : 굶어 죽다   dishonor : 불명예

설명

"might as well ... as ~"는 「~하느니 차라리 ...하는 편이 좋다」「~하는 것은 ...하는 것이나 같다」라는 의미를 나타낸다. 뒤의 as ~는 종종 생략된다.

- You *might as well* throw money into the sea *as* lend it to him.
  그에게 돈을 빌려 주느니 차라리 바다에 던져 버리는 편이 낫다.

- You *might as well* call a horse a fish *as* call a whale one.
  고래를 물고기라고 하는 것은 말을 물고기라고 하는 것과 같다.

Test Yourself!

다음을 우리말로 옮기세요.

1. It is a tragedy of the modern world that so large a proportion of the inhabitants of cities are shut away from natural beauty.
   hint proportion : 비율   inhabitant [inhǽbətənt] : 주민

2. It is needless to say that the most important thing in the modern Olympic Games is not to win but to participate.
   hint participate [pɑːrtísəpèit] : 참가

3. His letter, having been addressed to the wrong number, reached me late.
   hint address [ədrés] : 받는 이의 주소 성명을 쓰다

4. The increasing tempo of change, especially in the last two centuries, has destroyed much of the landscape.
   hint landscape [lǽndskèip] : 풍경

5. America is an essential to the existence of Europe without which the survival of the latter is hardly conceivable.
   hint essential : 필요불가결의 것, 필수적인   survival [sərváivəl] : 살아 남음

6. You might as well ask the cripple to leap from his chair and throw away his stick as expect the learned reader to throw his book and think for himself.
   hint cripple [krípl] : 절름발이, 불구자   learned [lɔ́ːrnid] : 박식한

Answer

1. 도시의 주민들 중에서 그처럼 많은 비율을 차지하는 사람들이 자연의 아름다움에서 격리되어 있다는 것은 현대 세계의 비극이다.

2. 현대 올림픽에서 가장 중요한 것은 이기는 것이 아니라 참가하는 것이라는 것은 말할 필요도 없다.

3. 그의 편지는 주소가 틀렸기 때문에 나에게 늦게 도착했다.

4. 변화의 점증하는 속도, 특히 과거 2세기 동안의 속도는 풍경의 많은 것을 파괴해 버렸다.

5. 미국은 유럽의 존립에 있어서 필요불가결한 것이어서 미국 없이 후자가 생존하는 것은 거의 생각할 수 없다.

6. 박식한 독서가에게 책을 버리고 스스로 생각하는 것을 기대하는 것은 절름발이에게 의자에서 뛰어내려 지팡이를 버리라고 하는 것과 마찬가지이다.

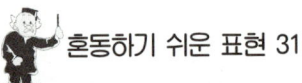

혼동하기 쉬운 표현 31

191
- **most** : 대부분의
- **a most** : 대단히
- **the most** : 가장

> **Most** students like music.

해석 대부분의 학생들은 음악을 좋아한다.

설명

1. "most"가 무관사로서 명사 앞에 쓰이면 「대부분의」 「대다수의」라는 의미를 나타낸다.

   - *Most* houses in Japan are made of wood.
     일본의 **대부분의** 집은 목조이다.
   - *Most* people consult the doctor only when a symptom assures them that they are ill.
     대부분의 사람들은 징후가 그들에게 병이라는 것을 확신시킬 때만 의사의 진찰을 받는다.

2. "most"를 단독으로 사용하면 「대부분」이라는 의미를 나타낸다. 이 경우 most는 대명사 역할을 하고 있다.

   - At the present day *most* of us spend at least some part of our time in reading.
     현대에 우리들 **대부분은** 적어도 시간의 얼마간 독서에 할애한다.
   - *Most* of his money was given to the poor.
     그의 돈의 **대부분은** 가난한 사람들에게 주어졌다.

> She was **a most** beautiful woman in her youth.

해석 그녀는 젊은 시절에는 **대단히** 아름다운 여자였다.

어구 youth : 젊은 시절

설명
"a most"는 「대단히」라는 의미를 나타낸다. (= very)

- The statue is made of marble of *a most* lovely color.
  그 조각상은 **대단히** 아름다운 색깔의 대리석으로 만들어져 있다.
- Industry has *a most* healthy influence on the moral character.
  근면은 도덕적 성격에 **지극히** 건전한 영향을 미친다.

He is one of the most famous painters that have ever lived in Korea.

해석 그는 지금까지 한국에 살았던 **가장** 유명한 화가 중의 한 사람이다.

설명

1. the most + 형용사 + 명사의 "the most"는 「가장」이라는 의미를 나타낸다.

   - *The most* recent advance in modes of transportation is the airplane.
     수송방법에서 **가장** 최근의 진보는 항공기이다.
   - World War II was, in fact, *the most* destructive that has ever taken place.
     제2차 세계대전은, 사실, 지금까지 일어났던 일 중에서 **가장** 파괴적인 것이었다.

2. "most"는 「가장 많은」이라는 의미로도 사용된다 (many, much의 최상급).「수」「양」다 같이 보통 the를 생략한다.

   - Your composition has *most* mistakes.
     당신의 작문은 틀린 것이 **가장 많다**.

- Those who have *most* money are not always the happiest.
  가장 많은 돈을 가지고 있는 사람이 반드시 가장 행복하다고는 할 수 없다.

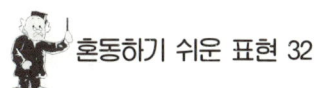

혼동하기 쉬운 표현 32

192
much more ... : 하물며
much less ... : 하물며 (…아니다)

She likes music, **much more** dancing.

[해석] 그녀는 음악을 좋아하는데 하물며 춤에 있어서야.

[설명]
"much more"는 「하물며」「더구나」라는 의미를 나타낸다. much more는 "still more"로 하여도 좋다. much more는 앞이 긍정문일 경우에 사용된다. (문형 48 참조)

- To be of a timid, and *much more* of a cowardly nature is one of the greatest misfortunes.
  겁많은 성격인 것, **하물며** 비겁한 성격인 것은 가장 큰 불행 중 하나이다.

- Many people come here in winter, *still more* in spring and summer.
  겨울에도 여기에 오는 사람이 많은데, **하물며** 봄, 여름은 말할 것도 없다.

I don't like music, **much less** dancing.

[해석] 나는 음악을 싫어하는데 하물며 춤은 더 싫어한다.

[설명]
"much less"는 부정문 뒤에 사용되어 「하물며 …아니다」라는 의미를 나타낸다 (= still less). (문형 49 참조)

- There are no nurse, *much less* doctors, in the mountain village.
  그 산촌에는 간호사가 없다. **하물며** 의사는 **더더욱 있을 리 없다**.

- I don't suspect him of equivocation, *much less* of lying.
  나는 그가 말을 얼버무린다고는 생각하지 않는다. **하물며** 거짓말하고 있다고는 **더** 생각되지 **않는다**.

혼동하기 쉬운 표현 33

193
not so much as ... : …조차 않다
not so much ... as ~ : …라기 보다는 오히려 ~
not ... so much as ~ : …라기 보다는 오히려 ~

He can**not so much as** write a short letter.

[해석] 그는 짧은 편지를 쓰는 것**조차** 할 수 **없다**.

[설명]

"not so much as ..."는 「…조차 않다」라는 의미를 나타낸다 (= not even). "without so much as ~ing"라는 구문도 있다.

- He did *not so much as* ask me to sit down.
  그는 나더러 앉으라는 말**조차 하지 않았다**.
- He went away *without so much as* saying good-by to me.
  그는 나에게 안녕이라는 말**조차 하지 않고** 나가 버렸다.

He is **not so much** a poet **as** a novelist.

[해석] 그는 시인**이라기보다는 오히려** 소설가이다.

[설명]

1. "not so much ... as ~"는 「…라기 보다는 오히려 ~」라는 의미를 나타낸다 (= ~rather than ...). (문형 64 참조)

- Man's true happiness lies *not so much* in wealth *as* in contentment.
  인간의 진정한 행복은 부에 있다고 **하기보다 오히려** 만족에 있다.
- It is *not so much* talent *as* persistent efforts that are essential to success in life.
  인생에서 성공에 꼭 필요한 것은 재능**이라기보다는** 노력이다.

2. "not so much ... as ~"의 so much가 as에 붙어 "not ... so much as ~"의 형을 취할 때가 있는데 그 의미는 마찬가지이다.

- His success is *not* by talent *so much as* by industry.
  그의 성공은 재능에 의한 것**이라기보다는 오히려** 근면에 의한 것이다.
- It is *not* poverty *so much as* pretense that harasses a ruined man.
  몰락한 사람을 괴롭히는 것은 가난**이라기보다는 오히려** 허세이다.

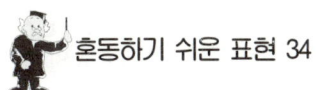

혼동하기 쉬운 표현 34

194
by oneself : 혼자서
for oneself : 혼자 힘으로

He lived in the house **by himself**.

해석 그는 **혼자서** 그 집에 살고 있다.

설명

"by oneself"는 「혼자서」「홀로」라는 의미를 나타낸다 (=alone). 그러나 "for oneself"「혼자 힘으로」와 같은 의미로 사용될 때도 있다.

- She sat down to dinner *all by herself*.
  그녀는 **아무도 없이 외톨이로** 저녁 식사 자리에 앉았다.

- I don't know what to do *by myself*.
  나는 **혼자서** 어떻게 해야 좋을지 모른다.

There are some things one can't do **for oneself**.

해석 **혼자 힘으로** 할 수 없는 것들도 있다.

설명

1. "for oneself"는 「혼자 힘으로」라는 의미를 나타낸다. (=without other's help)

    - No one can live by and *for oneself*.
      아무도 외롭게 **혼자 힘으로** 생활할 수는 없다.

    - You should do everything *for yourself*.
      너는 무엇이든 **제 손으로** 하지 않으면 안 된다.

2. "by oneself", "for oneself" 외에 -self를 포함한 어구에 "of one-

self"「자기 스스로」「저절로」, "in itself"「그것만으로」「본래」 등이 있다. in itself는 앞에 있는 명사를 강조하는 역할을 하고 있다.

- The light went out *of itself.* 전등불이 **저절로** 꺼졌다.
- Health does not come *of itself.*
  건강은 **저절로** 오는 것은 아니다.
- Vatican City is an independent country *in itself.*
  바티칸 시는 **그것만으로** 하나의 독립국가이다.
- Conversation is an art *in itself,* and it is by no means those who have most to tell that are the best talkers.
  대화는 **본래** 하나의 기술이며, 가장 훌륭한 이야기꾼이란 결코 화제를 가장 많이 가지고 있는 사람이 아니다.

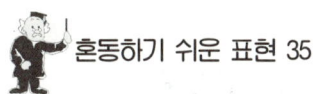

혼동하기 쉬운 표현 35

195
He killed himself. : 그는 자살했다.
I wrote the letter myself. : 나는 스스로 그 편지를 썼다.

He killed **himself** in despair.

[해석] 그는 절망하여 자살했다.

[설명]

일반적으로 "oneself"는 주어가 행하는 동작이 주어로 되돌아오는 것을 나타낼 때 사용하는 단어이다. 이 oneself의 용법을 재귀용법이라고 한다.

- You must not *praise yourself* before others.
  남 앞에서 **자기 자랑을** 해서는 안 된다.

- History never *repeats itself* in the same way.
  역사는 결코 똑같은 식으로 **되풀이되지** 않는다.

I wrote the letter **myself**.

[해석] 나는 스스로 그 편지를 썼다.

[설명]

"oneself"가 앞서 설명한 재귀용법과는 달리, 단순히 문장의 뜻을 강조하기 위해서 사용될 때가 있다. 이 예문의 myself가 없어도 문장의 뜻에는 변함이 없다. 이런 용법을 강조용법이라고 한다.

- I asked *the author himself* about the matter.
  나는 그 일에 대하여 **저자 자신에게** 물어 보았다.

- You must do such a thing *yourself*.
  당신은 그러한 일을 **당신 스스로** 하지 않으면 안 된다.

Test Yourself!

다음을 우리말로 옮기세요.

1. Most people have at some time or other heard a ghost story which claims to be true.
   hint at some time or other : 언젠가   claim [kleim] : 주장하다

2. At present, in the most civilized countries, freedom of speech is taken as a matter of course and seems a perfectly simple thing.
   hint civilized [sívəlàizd] : 문명화된

3. Culture is not an ornament to decorate a phrase, still less to show off your knowledge.
   hint culture : 교양   ornament [ɔ́:rnəmənt] : 장식품   decorate : 장식하다
   phrase [freiz] : 구, 말씨   show off : 자랑해 보이다, 드러내다

4. If you realize that in those days they had not so much as calendar to know the time of sowing by, you will be able to imagine that it was no easy task.
   hint realize [rí:əlàiz] : 깨닫다   sow [sou] : (씨를) 뿌리다

5. In such a case, it is often not the thought that strikes us as familiar so much as the way in which the thought is expressed.
   hint familiar : 친숙한, 익숙한

6. Happiness will come of itself to you in time, if you go on performing your duties faithfully.
   hint in time : 조만간   perform : 수행하다

7. Although money in itself may not suffice to make people grand, it is difficult to be grand without money.
   hint suffice [səfáis] : 충분하다

8. Don't conclude that by putting yourself in the other fellow's place you will be burying your own personality.
   hint conclude [kənklú:d] : 단정하다, 결론짓다
   put oneself in a person's place : …의 입장에서 생각하다

9. Only as we use our ingenuity and energies to give happiness to others regardless of reward may we achieve happinesss ourselves.
   hint ingenuity : 재간   regardless of ... : …에 개의치 않고   achieve : 이루다, 달성하다, 획득하다

Answer

1. 대부분의 사람들은 언젠가 사실이라고 주장하는 유령 이야기를 들은 적이 있다.

2. 현재 가장 문명이 발달된 나라들에 있어서는 언론의 자유는 당연한 것으로 받아들여지고 있으며 또한 아주 단순한 것이라고 생각되고 있다.

3. 교양은 말을 장식하는 장식품이 아니며 당신의 지식을 과시하기 위한 것은 더더욱 아니다.

4. 만일 그 당시 그들에게 파종 시기를 알려 주는 달력조차 없었다는 것을 깨닫는다면, 씨를 뿌리는 일이 쉬운 일이 아니었다는 것을 상상할 수 있을 것이다.

5. 그러한 경우에 우리들에게 친숙하게 느껴지는 것은 사상이라기보다는 오히려 사상이 표현되는 방법이다.

6. 만약 당신이 의무를 충분히 이행해 나간다면 행복은 조만간 저절로 찾아올 것이다.

7. 돈 자체는 사람들을 위대하게 하기에 충분하지 않을지 모르지만, 돈 없이 위대하게 되는 것은 어려운 일이다.

8. 남의 입장에 서서 생각함으로써 자기 자신의 개성을 매몰시킨다고 단정해서는 안 된다.

9. 보상을 생각지 않은 채 남에게 행복을 줄 수 있는 창의와 정력을 사용했을 경우에만 우리들은 스스로 행복을 얻을 수 있을 것이다.

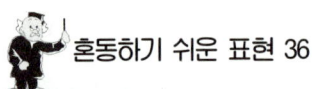

혼동하기 쉬운 표현 36

196
the same ... as ~ : ~와 같은 …
the same ... that ~ : ~와 동일한 …

I will buy the same watch as you have.

[해석] 나는 네가 가지고 있는 것과 같은 시계를 살 것이다.

[설명]
"the same ... as ~"는 「~와 같은 종류의 …」라는 의미를 나타낸다.

- Bees like *the same* odors *as* we do.
  꿀벌은 우리가 좋아하는 냄새와 같은 냄새를 좋아한다.
- This is *the same* dictionary *as* the one I used while I was a college student.
  이것은 내가 대학생 시절에 사용했던 것과 같은 사전이다.
- Success in life is not necessarily *the same* thing *as* the acquirement of riches.
  인생에서 성공은 반드시 부를 얻는 것과 같지는 않다.

This is the same film that I saw last week.

[해석] 이것은 내가 지난 주에 본 것과 같은(동일한) 영화이다.

[설명]
"the same ... that ~"은 「~와 동일한 …」이라는 의미를 나타낸다. 이 경우의 that은 관계대명사이다.

- I went away *the same* way *that* I had come.
  나는 왔을 때와 같은(동일한) 길을 갔다.
- A new-born baby responds in *the same* way *that* a grown-up does.
  갓난아기는 어른과 똑같은 방법으로 반응한다.

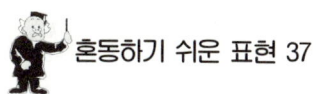
혼동하기 쉬운 표현 37

197
should ... : …해야 한다
should have + 과거분사 ... : …해야 했었다

You should always respect the old.

[해석] 노인을 언제나 존경해야 한다.

[설명]

1. "should"는 의무를 나타내며 「…해야 한다」라는 의미로 사용한다.

   • You *should* read foreign literary works in the original.
   당신은 외국의 문학작품을 원서로 읽어**야 한다**.

   • You *should* always speak what you believe is right.
   언제나 옳다고 믿고 있는 것을 말**해야 한다**.

2. "should"는 판단이나 감정을 나타내는 주절에 이어지는 종속절에 사용되어 「…이라니」「…하다니」라는 의미를 나타낸다.

   • It is strange that they *should* hate him so bitterly.
   그들이 그를 그처럼 미워**하다니** 이상한 일이다.

   • I am surprised that he *should* say like that.
   그가 그런 식으로 말**하다니** 놀랍다.

You should have consulted your teacher.

[해석] 너는 선생님과 상의해야 했었다.

[설명]

1. should have + 과거분사는 「…해야 했었다」라는 의미를 나타낸다. 「…

해야 했는데 하지 않았던 것은 나쁘다」라는 비난의 의미를 포함한다.

- You *should have made* your present effort before you failed in the enterprise.
  당신은 사업에 실패하기 전에 지금의 노력을 **해야 했었다**.
- He *should not have concealed* his failure from me.
  그는 나에게 그의 실패를 은폐하지 **말았어야 했다**.

2. 또한 <u>should have</u> + 과거분사는 과거의 사실에 반대되는 가정을 나타내는 문장의 주절에 사용되어 「…했을(이었을) 것이다」라는 의미를 나타낸다.

- If I had known your address, I *should have written* to you.
  만일 너의 주소를 알고 있었더라면 편지를 **했을 텐데**.

3. <u>should have</u> + 과거분사는 과거의 것에 대한 판단이나 감정을 나타내는 문장의 주절에 사용되어 「…했던 것은」이라는 의미를 나타낸다.

- It is quite natural that you *should have refused* his request.
  네가 그의 요구를 **거절했던 것은** 아주 당연한 일이다.

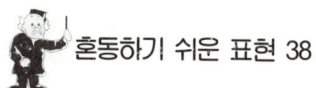

혼동하기 쉬운 표현 38

198
So am I. : 나도 그렇다
So I am. : (바로) 그렇다

> I am fond of skiing. — **So am I.**

[해석] 나는 스키를 좋아한다. — 나도 좋아한다.

[설명]

1. 이 문장에서 "So am I."은 "I am fond of skiing, too."와 같으며, so는 「그렇다」 「그와 같다」라는 의미를 나타낸다 (=also, too). 이 경우 주어와 동사의 어순에 주의.

   - He speaks German and *so does his brother*.
     그는 독일어를 말하고 **그의 동생도 말한다**.
   - I was in the wrong and *so were you*.
     내가 잘못했다. 그리고 **너도 역시 잘못했다**.
   - My sister can swim very well. — *So can mine*.
     내 여동생은 수영을 매우 잘한다. — **내 여동생도 잘한다**.

2. 부정일 경우에는 "so" 대신에 "nor"「…도 아니다」 "neither"「…도 아니다」를 사용한다.

   - I don't like mutton. — *Nor do I*.
     나는 양고기를 싫어한다. — **나도 싫어한다**.
   - If it rains tomorrow, I shall not go. — *Neither shall I*.
     만일 내일 비가 오면 나는 가지 않을 것이다. — **나도 가지 않을 것이다**.

You seem to be a musician. — **So I am**.

[해 석] 당신은 음악가로 보입니다. —그렇습니다(음악가입니다).

[설 명]
"So I am."은 "Yes, I am."과 같은 의미이다.

- It was cold yesterday. —*So it was!*
  어제는 추웠다.—**정말로 추웠다!**

- I hear you went to France last year. —*So I did.*
  당신은 작년에 프랑스에 갔다고 들었는데.—**그렇습니다(갔었습니다)**.

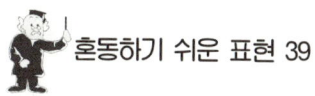

혼동하기 쉬운 표현 39

199
stop ~ing : ~하는 것을 그만두다
stop to ~ : ~하기 위해 멈추다

They stopped talking at my approach.

[해석] 그들은 내가 다가가자 이야기하는 것을 중단했다.

[어구] approach : 접근

[설명]

1. "stop ~ing"는 「~하는 것을 그만두다」라는 의미를 나타낸다. 이 경우의 ~ing는 동명사로서 stop(그만두다)의 목적어이다.

   • *Stop* mak*ing* a fool of yourself.
     바보짓을 **하지 말라**.

   • He *stopped* drink*ing* for the improvement of his health.
     그는 건강을 좋게 하기 위해서 술을 **끊었다**.

2. stop과 마찬가지로 목적어에 동명사(~ing)를 취하는 것으로는 avoid (피하다), finish(끝내다), mind(유의하다) 등이 있다.

   • You had better *avoid* keep*ing* company with him.
     너는 그와 교제하는 것을 **피하는** 편이 좋다.

   • I *have finished* read*ing* this novel.
     나는 이 소설을 읽는 것을 **끝마쳤다**. (나는 이 소설을 방금 다 읽었다)

Everybody stopped to listen to the radio.

[해석] 모두 라디오를 듣기 위해서 멈췄다.

설 명

stop to+원형은 「…하기 위해서 멈추다」 또는 「멈추고 …하다」라는 의미를 나타낸다.

- They *stopped to take a rest* under the tree.
  그들은 **멈춰서** 나무 밑에서 **쉬었다**.
- *Have* you *ever stopped to think* how important health is to us?
  건강이 우리들에게 얼마나 중요한가를 잘 **생각해 본 적이 있습니까**?

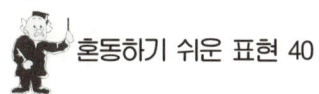

혼동하기 쉬운 표현 40

200
used to ... : …하는 것이 습관이었다
be used to ... : …에 익숙해 있다

He **used to take** a walk early in the morning.

해석 그는 아침 일찍이 산책하는 것이 습관이었다.

설명

1. used to + 원형은 과거의 규칙적인 습관을 나타내며 「…하는 것이 습관이었다」라는 의미를 나타낸다.

   - There was a hill to which I *used to* resort when tired of studying.
     내가 공부에 싫증이 났을 때 **곧잘** 갔**던** 언덕이 있었다.
   - When I was a child, mother *used to* read to me out of a book of fairy tales.
     어린 시절에 어머니는 **늘** 옛날 이야기책을 읽어 주시**곤 하였다**.

2. "used to ..."는 과거와 현재를 비교하여 「이전에는 …했었다」라고 말하는 경우에도 사용된다.

   - He is not what he *used to be*.
     그는 **이전의** 그가 아니다.
   - He doesn't call on me so often as he *used to*.
     그는 **이전**만큼 자주 나를 찾아오지 않는다.

3. "used to ..."는 비인칭 구문에 사용되어 「원래 …가 있었다」「…했던 것이다」라는 의미를 나타낸다.

   - There *used to* be a bridge here.
     예전에(원래) 이 곳에 다리가 **있었다**.

- Formerly it *used to* be believed that the sun moved round the earth.
  이전에는 태양이 지구 주위를 움직이고 있다고 믿어**졌던 것이다**.

Eskimos are used to tough weather.

해석 에스키모는 거친 날씨에 익숙해 있다.

설명

<u>be used to</u> + 명사(또는 동명사)는 「…에 익숙해 있다」라는 의미를 나타낸다. (= be accustomed to)

- We *are used to* seeing newspapers, magazines, and books everywhere we go.
  우리들은 어디에 가더라도 신문이나 잡지나 책을 보는 데 **익숙해 있다**.

- There's nothing like *being used to* a thing.
  사물에 **익숙해지는** 것만큼 좋은 것은 없다.

Test Yourself!

다음을 우리말로 옮기세요.

1. Europeans complain that Chinese workmen use the same implements as they have used for centuries.
   hint complain [kəmpléin] : 불평을 말하다   implement [ímpləmənt] : 도구

2. As even deeper tragedy is that mankind does not profit by its experience and continues to go on the same way that led previously to disaster.
   hint profit [práfit] : 이익을 보다   disaster [dizǽ:stər] : 재해, 참사
   previously [prí:viəsli] : 이전에

3. Young people, starting out in life, should realize how important it is that they should be fully aware of their own faculties.
   hint faculty [fǽkəlti] : 능력

4. I should have preferred to live at peace with everybody, if I had been able to.
   hint prefer [prifə́:r] : (…의 쪽을) 선호하다, 택하다

5. The plan to educate more students in science and technology is of course very good. It should have been undertaken earlier.
   hint educate [édʒukèit] : 교육하다   technology [teknálədʒi] : 공예학
   undertake [ʌ̀ndərtéik] : 기도하다, 착수하다

6. He decided to carry out the plan at all cost. So did his supporters.
   hint decide : 결심하다   at all cost : 어떤 희생을 치르더라도   supporter : 지지자

7. Being unable to fall into a deep sleep, she stopped thinking over the matter.
   hint think over … : …을 숙고하다

8. His books that used to seem so tiresome to him seemed to him now like old friends that he hated to part with.
   hint tiresome [táiərsəm] : 지루한, 싫증나는   part with : 헤어지다

9. We are so used to having a letter delivered to any place in Korea within a short time that we are likely to forget that there was a time when it took weeks and months to deliver a letter.
   hint deliver [dilívər] : 배달하다

10. Each of them was accustomed to thinking for himself and solving his own problems, instead of doing what somebody else had told him to do.
   hint was accustomed to ... : …에 익숙해 있었다   solve [salv] : 해결하다

Answer

1. 유럽 사람은 중국의 노동자들이 그들이 수백년 동안 사용해 왔던 것과 같은 도구를 오늘도 사용하고 있다고 불평한다.

2. 더욱더 심각한 비극은 인류가 그 경험에 의해서 이익을 보는 것이 아니라 전에 재앙으로 이끌어 갔던 똑같은 길을 계속해서 가고 있다는 것이다.

3. 청년은 인생의 출발에서 그들이 자기 자신의 능력을 충분히 알고 있다는 것이 얼마나 중요한가를 깨달아야 한다.

4. 나는 만일 할 수 있었다면 누구와도 평화롭게 생활하는 편을 선택했을 텐데.

5. 과학이나 공예 방면에서 더 많은 학생을 교육한다는 계획은 물론 대단히 좋은 일이다. 그것은 좀더 일찍 계획되었어야 했다.

6. 그는 어떤 희생을 치르더라도 그 계획을 실행하기로 결심했다. 그의 지지자들도 마찬가지였다.

7. 깊은 잠을 잘 수가 없었기 때문에 그녀는 그것에 대해서 진지하게 생각하는 것을 그만두었다.

8. 그에게 항상 대단히 지루하게 생각되었던 책들이 지금은 도저히 헤어지기 싫은 옛 친구처럼 생각되었다.

9. 우리들은 짧은 시간에 편지가 한국의 어디에라도 배달되는 것에 익숙해 있기 때문에, 편지를 배달하는 데 몇 주일이나 몇 개월이 걸렸던 시대가 있었다는 것을 잊어버릴 것 같다.

10. 그들은 모두 타인이 명령한 것을 하는 대신에, 혼자서 생각하며 자기 자신의 문제를 해결하는 데 익숙해 있었다.

이해영 (李海永)

한국외국어대학교 영어과 졸업
1960~62 진명여고 영어 교사 역임
1962~73 테헤란, 뉴욕, 튀니스, 암스테르담 등지에서 KOTRA무역관장 역임
1973~93 런던, 쿠웨이트, 상파울루, 뉴욕에서 기업 활동
1993~ 　 랭기지플러스 영어 교재 컨설턴트

저서 『영작문급소150 아작아작 씹어먹는 책』 주해·감수, 랭기지플러스
　　『영문법급소200 아작아작 씹어먹는 책』 주해·감수, 랭기지플러스
　　『프로토익 550/650/750 시리즈』 주해·감수, 랭기지플러스
　　『쉬운 영어성경:구약편』 편역, 랭기지플러스
　　『쉬운 영어성경:신약편』 편역, 랭기지플러스
　　『가나다 Korean for Foreigners, Elementary 1, 2』 번역, 랭기지플러스
　　『모르면 죽는다, 이런 영어』 번역, 랭기지플러스

아작아작 씹어먹는 책 ❸
영독해 급소 200

초판 발행 / 1995년 3월 15일
개정판 발행 / 1999년 7월 31일
개정판 4쇄 / 2006년 1월 25일
지은이 / Kaieda Susumu · Nakamura Toshio
주해·감수 / 이해영
펴낸이 / 엄태상
펴낸곳 / LanguagePLUS
등록일자 / 2000년 8월 17일
등록번호 / 제 1-2718호
주소 / 서울시 강남구 역삼동 826-28
TEL / 1588-1582
FAX / 02-3671-0500
E-mail / tltk@chol.com
Homepage / www.langpl.com

ⓒ 1995, 1999

이 책의 내용을 사전 허가 없이 전재하거나 복제할 경우
법적인 제재를 받게 됨을 알려 드립니다.
잘못된 책은 구입하신 서점이나 본사에서 바꿔 드립니다.

ISBN / 89-5518-278-3　13740

ⓒ 海江田進・中村駿夫, 1995,
「英文解釈の基本文型200」 昇龍堂出版株式会社

랭기지플러스의 책들

고등학교 이후 영어 손 놓았던 분이라도 쉽게 시작할 수 있어요!

가장 쉬운 영문법

- 고등학교 졸업 후 손에서 놓고 있었던 영문법, 체계적으로 다시 잡아줍니다.

- 영문법의 핵심을 쏙쏙 뽑아 76가지 항목으로 요약했기 때문에, 시간이 급할 때는 취약한 항목만 뽑아 보면 됩니다.

가장 쉬운 영작문

- 영어 쓰기를 처음 시작하는 사람이라도 이 책 한권만 마스터하면 영작이 가능해집니다.

- 29개 작문 포인트로 작문은 물론 문법까지 해결합니다.

- 이메일, 팩스 등 바로바로 활용할 수 있는 실용예문입니다.

고호 고토 저 / 각 9,800원